Remerciements
À mon éditeur africain, l'ami Aliou Sow, directeur à Conakry
des éditions Ganndal, pour ses conseils et sa relecture attentive du manuscrit.
À Sarang Seck, qui me fit découvrir Mamou, avant de m'initier
aux traditions culturelles du monde Peul du Fouta-Djalon.

Y. P.

Verdun 1916

UN TIRAILLEUR EN ENFER

YVES PINGUILLY

LES ROMANS DE LA MÉMOIRE

Préserver la mémoire de ceux qui ont été acteurs ou témoins des conflits du XXe siècle, c'est d'abord s'interroger sur les valeurs qu'ils ont été amenés à défendre, et sur lesquelles se fonde la démocratie actuelle.

En replaçant le lecteur au cœur de ces périodes difficiles de notre Histoire, Les Romans de la mémoire, proposés par la direction de la mémoire, du patrimoine et des archives du ministère de la défense, en partenariat avec les éditions Nathan, se veulent une contribution à son approche de la citoyenneté.

Conforme à la loi n° 49956 du 16 juillet 1949
sur les publications destinées à la jeunesse
ISBN 978-2-09 -211166-6

Ministère de la défense,
secrétariat général pour l'administration,
direction de la mémoire,
du patrimoine et des archives.

Verdun 1916
UN TIRAILLEUR EN ENFER

Aussi longtemps qu'il y aura des battements de cœur dans ma poitrine, aussi longtemps qu'il y aura un peu de bleu au zénith, aussi longtemps qu'il y aura des printemps sous le ciel et qu'il y aura des femmes au monde, je crierai : À bas la guerre !

Joseph Delteil, poète, romancier, vigneron. Mobilisé en 14/18 dans un régiment de tirailleurs sénégalais.

CHAPITRE 1

ADIEU MAMOU

Les coqs avaient donné le signal... Les manguiers aux feuillages touffus et gonflés comme des crapauds orgueilleux se laissèrent réveiller par les chatouilles des mange-mil*. Pas loin, dans une cour, des enfants psalmodiaient déjà une sourate*. Le soleil arrivait, encore un peu rouge. Il était prêt à éponger les flaques laissées par la dernière grosse averse de la nuit. C'était la saison des pluies à Mamou et dans tout le Fouta*.

Tierno avait mal dormi sa nuit. Pour la première fois de sa vie, il allait quitter la concession* de son père. Lui aussi s'était levé avec l'arrivée du soleil. Il avait déjà dit au revoir aux parents et aux amis qui étaient venus toute la semaine les uns après les autres lui souhaiter un bon voyage et une bonne arrivée à Dakar, à l'école des Blancs. Ce matin, avant de prendre le train pour Conakry, il lui restait à saluer son père et les trois épouses de son père, surtout Kadiatou, celle qui lui avait servi de mère. Elle l'attendait, assise dans la cour. Elle se réchauffait les pieds près des braises qui faisaient mijoter sa sauce.

---

* renvoie au lexique page 131.

– Je pars. Ils disent que je dois aller agrandir un peu ma vie, là-bas, à Dakar.

– Qui dit ça ?

– Les missionnaires, ceux de mon école.

Elle, qui n'avait mis au monde que des filles, le prit dans ses bras. Elle le serra et sans dire un mot elle lui donna une petite calebasse remplie de noix de cola. Enfin, elle lui murmura :

– Je vais t'accompagner à la gare, je veux te voir monter dans ce train.

Il alla ensuite vers son père. Le vieux Alpha Diallo était assis. Il attendait. Tierno se pencha vers lui et dit :

– Baba, c'est le jour et c'est l'heure.

Son vieux* lui prit les mains et les tourna vers le ciel. Il exposa ses paumes au ciel et pria. Quand Tierno eut reçu toutes les bénédictions de son père, il s'éloigna, il était en paix. Il sortit de la concession et descendit à l'ombre des fromagers. Elle était là, elle attendait. Il la vit de loin. Elle avait noué un pagne indigo. Elle était une vraie fleur du Fouta, une fleur délicate et souple. Tierno le savait, celle-là avait non seulement la peau aussi parfumée qu'une papaye bien juteuse, mais ses fesses et ses seins étaient aussi durs qu'une mangue verte des premiers vents de l'hivernage !

– Néné Gallé...

– Tierno, et chez toi, ça va ?

Il ne répondit pas, il lui sourit et la regarda de la tête aux pieds. Enfin il lui avoua :

– Tu es belle Néné Gallé et moi j'ai le cœur assez grand pour aimer toute ta beauté.

Quand ils eurent fini de se parler, ils s'étaient promis assez d'amour l'un pour l'autre pour ne jamais en manquer dans cette vie et dans l'autre ! Elle sortit de sous son pagne un petit bracelet de cuir orné d'un cauri*.

– Tierno, c'est pour toi. Ce bracelet autour de ton poignet ce sera moi contre toi. Ce cauri aussi, ce sera moi. Si tu le regardes bien, tu me rêveras bien, là-bas, loin de moi.

Elle aussi tout à l'heure serait à la gare. Elle voulait que ses yeux soient les derniers à voir Tierno, elle voulait être la gardienne de la dernière image de Tierno à Mamou.

Mody Oury, lui, avait depuis longtemps courbé sa première prière. Il sortit de sa case et resta là, debout, à parler doucement pour lui-même ou pour le jour qui commençait. Quand enfin ses lèvres cessèrent de remuer, il s'assit sur le sol, près d'une tablette de lecture en bois, sur laquelle l'écriture arabe offrait quelques paroles du Prophète. Il mit sa main dans la grande poche de son boubou blanc, en sortit quelques talismans et les lança juste devant lui, sur la terre rouge. Il ramassa sa mise et recommença. Quand il eut fait les mêmes gestes sept fois, il rangea ses talismans et resta là, plus immobile qu'une termitière. Mody Oury était un grand marabout. Il avait fait le pèlerinage à La Mecque et était paré du titre de « El Hadj »*. Quand il aperçut Tierno, qui revenait vers la concession, il ne le quitta pas des yeux. Tierno se sentit regardé, scruté ! Il savait que son grand frère, même père même mère, pouvait lire en lui s'il le voulait. Tierno avait toujours été proche de Mody Oury qui avait eu la chance de connaître leur mère. C'est lui qui avait un peu raconté leur mère à son petit frère de sang, alors qu'il quittait déjà l'enfance.

– Mody, Allah hou akbar* !

Allah est plus grand même que n'importe lequel des Blancs. Tu es prêt ?

– Oui.

– Tierno, aucun homme n'est jamais assez prêt sans doute. Aucun n'aura jamais assez prié le Prophète. C'est toujours comme si la vie ne suffisait pas pour les prières. Mais aujourd'hui c'est vendredi, c'est un bon jour pour voyager.

– Je suis un peu prêt, je crois...

– Alors là-bas, à l'école des non-circoncis, n'oublie rien, n'oublie pas un seul mot des sourates qui sont dans ton cœur.

Ils parlèrent longtemps et ils auraient parlé encore, laissant le soleil dessécher leur peau, si Tierno n'avait pas été pressé par l'heure du train. C'était comme si Mody, au moment de leur adieu, puisait dans son cœur des sagesses ensevelies pour les offrir à son petit frère, afin qu'il parte sans crainte et revienne un jour, sain et sauf, toujours Noir et bon musulman.

Mody entra dans sa case. Quand il en ressortit il avait à la main une belle peau de chèvre, bien tannée, une peau du Fouta, pour la prière, pour ne jamais oublier de prier...

– Prends Tierno. Tes genoux et ta tête sur ce cuir et sur ces poils te rattacheront à la terre de ton enfance, à ta source.

Tierno prit et remercia.

– Ce n'est pas tout, approche.

Tierno s'approcha et Mody lui prit le bras droit qu'il tira vers lui. Il lui attacha une bande de tissu, un brassard bleu-noir.

– Garde cela toujours et toujours à ton bras, tu seras protégé. Toujours...

– Oui, toujours, merci.

– Toujours, mais tu devras l'enlever si tu serres une femme dans tes bras, pour l'aimer...

Tierno sourit. Il ne voulait aimer que sa belle Néné Gallé. C'est elle qui l'attendrait, il le savait. Lui avait dix-sept ans, il en était sûr, Mody avait toujours compté pour lui depuis sa naissance. Néné Gallé sans doute quinze, l'âge du siècle... l'école des Blancs ne durait pas si longtemps et bientôt la famille ferait encore plus de sacrifices que pour ce départ. On tuerait au moins deux bœufs... Le père de Néné Gallé serait heureux, il aurait une fois de plus une belle dot pour une de ses filles. Néné Gallé et Tierno pourraient alors s'inventer n'importe quel geste que l'autre comprendrait dans le noir de la nuit.

Tierno avait dans ses bagages du fonio* pilé et bien sec, de la pâte d'arachide et des boulettes de viande. C'est Kadiatou qui lui avait préparé ça et c'était assez pour qu'il se nourrisse pendant au moins quinze jours !

Les cases de Mamou étaient déjà bien cuites par le soleil quand Tierno et les siens arrivèrent à la gare. Ils n'étaient pas seuls, loin de là ! Sur le quai de la gare, il y avait autant d'odeurs qu'au marché et les voyageurs patientaient. À ceux qui avaient un billet à partir de Mamou s'ajoutaient ceux qui étaient arrivés la veille au soir de Kankan et qui repartaient ce matin.

Quelques Blancs se présentèrent, avec leurs boys porteurs de bagages. On aurait dit qu'ils ne voyaient qu'eux-mêmes, que les hommes noirs là, de tous les côtés, ne comptaient pas pour eux. Ces Blancs protégés par leur casque colonial voulaient faire croire aux Noirs qu'ils étaient invisibles sans doute, que leurs corps noirs ne dessinaient aucune ombre sous le soleil !

Le train siffla.

Tierno s'était installé et toute la famille l'avait aidé en lui passant ses bagages par la fenêtre. Il était heureux, heureux mais un peu triste. Il n'avait que deux yeux et il devait regarder avec, tout autant, chacune des vingt personnes qui l'avaient accompagné. Deux yeux c'était déjà peu pour voir seulement Néné Gallé !

Le train partit, comme à regret. Il roula d'abord tout

doucement et jamais sa vitesse ne dépassa celle d'une antilope qui s'enfuit. Tierno eut le temps de regarder les paysages de montagnes et les nombreuses rivières qui semblaient toutes un peu affolées. C'est vrai que les averses qui se succédaient obligeaient le monde qui n'avait plus soif à boire encore double et triple ration d'eau.

Jusqu'à l'arrêt de Kindia, Tierno resta collé à la fenêtre du wagon, à contempler la nature. Après, entre Kindia et Conakry, les paysages plus ronds et presque plats l'intéressèrent moins. Il écouta dans le wagon toutes les voix noires qui mêlaient les accents malinkés et les accents soussous* aux paroles lancées en pular, sa langue qu'il parlait si bien.

Il avait dormi et mangé et encore dormi. Il n'aurait pas su dire, quand le train entra dans la gare de Conakry, si la nuit avait avalé toutes les ombres depuis une heure, deux heures ou dix heures. Conakry ! Les habitués de la ligne avaient deviné avant les autres que le train arrivait et ils furent les premiers à oublier leur fatigue pour récupérer tous leurs bagages et sauter sur le quai.

Tierno était attendu par Saliou, son oncle maternel.

– On dyaraama Kaawu* !

– Hidha e dyam, Tierno* ?

Tierno fut rassuré. Un moment, il avait craint que son oncle ne soit pas à la gare.

– Tierno, viens, ta tante Binta va être bien heureuse de te voir. Elle ne va pas te reconnaître.

Ils partirent vers le quartier indigène, ayant tout juste assez de leurs quatre bras pour porter les bagages. Saliou, qui travaillait dans une maison de commerce de la place, habitait une maisonnette de deux pièces avec une véranda. Il était fier de sa réussite et se voulait de bon conseil.

– Tierno, tu vas tout apprendre des Blancs et tu deviendras un patron. Ici quand tu reviendras la ville sera encore plus grande et il y aura encore plus de travail.

Tierno se lava dans la cour. Après cela, Binta et sa dernière fille lui servirent la bouillie et le lait caillé.

– Tierno, tu vas rester longtemps ici à Conakry, avec nous ?

– Non ma tante, dans deux jours je serai sur le bateau, pour Dakar.

C'est à peine s'il se reposa quelques heures, allongé sur une natte sous la véranda. Avec son oncle il alla en fin de matinée jusqu'au service des Affaires Indigènes. Tierno n'avait jamais vu ça : une belle villa avec à l'intérieur des Blancs aux oreilles roses, des Blancs qui s'agitaient dans tous les sens. Un surtout, sanglé dans un bel uniforme, qui passa dix fois devant eux alors qu'ils attendaient. La dernière fois qu'il passa, ce fut avec un pauvre bougre aussi noir que Tierno... un pauvre bougre oui, pieds nus mais empaqueté dans un vieux pantalon gris, cent fois rincé par les averses de dix saisons des pluies ! Celui-là se faisait chicoter* par l'autre, le Blanc qui hurlait :

– J't'en foutrais moi des funérailles, alors que tu dois embarquer et pas plus tard que tout de suite ! J'ai déjà trois drôles qui manquent à l'appel...

Tierno s'était levé, autant sous le coup de la surprise que pour défendre l'autre qui ressemblait à un animal pris au piège. Le Blanc en uniforme lui lança un regard mauvais. Heureusement pour lui, Saliou lui attrapa le bras et le fit se rasseoir.

– Tu es fou toi ! Tu connais l'école où l'on apprend à écrire de gauche à droite et tu veux manquer de politesse à un Blanc ! Vraiment... et celui-là en plus, c'est un adjudant !

Tierno ne répondit pas à son oncle maternel, il baissa seulement la tête et regarda ses souliers neufs, noirs, des souliers comme ceux des toubabs*.

Ils avaient attendu plus d'une heure déjà quand ils furent enfin reçus par un fonctionnaire, un Blanc, qui disposait d'un beau bureau derrière lequel il trônait assis comme s'il était le roi de la ville. C'est du moins ce que pensa Tierno, surtout que ce Blanc-là était assisté par un employé aux écritures... qui écrivait.

– Tierno n'est-ce pas... voyons ça, Tierno, Tierno, c'est pas un nom de chrétien ça...

Tout en parlant il feuilletait un dossier. Il avait tourné et retourné une bonne vingtaine de pages quand il s'exclama :

– Tierno... te voilà là, y'a pas d'erreur. Dakar oui, eh bien mon gaillard, t'as gagné le cocotier ! Dakar, on ne fait pas mieux. J'espère bien y retourner vite moi à Dakar... Toi tu vas aller à l'école là-bas, ça va te blanchir un peu. Ça va te faire du bien, oui.

Il parlait en souriant, mais Tierno restait yeux baissés. Son oncle acquiesçait à chaque parole du Blanc, en souriant lui aussi, comme s'il approuvait tout ce qui était dit et d'avance tout ce qui se dirait.

Le Blanc prit une grande enveloppe et y glissa quelques feuilles bien tamponnées. Avant de la donner à Tierno, il lui dit :

– Tu embarques demain soir sur un bateau, le *Ville du Havre*. Il emmène des bananes pour la CFAO*, il fera escale à Dakar pour charger des arachides. Tu ne seras pas seul. J'ai les mêmes papiers pour un certain Aboubacar Soumah, un bon élève comme toi, certainement. Vous vous retrouverez à l'embarquement ou à bord.

Tierno remercia.

– Je télégraphierai à Dakar demain pour les prévenir de votre arrivée.

Ils saluèrent le fonctionnaire qui pour lui-même continua tout haut : « Dakar, capitale de l'AOF*, Dakar, ça, c'est une vraie ville, un petit Paris sous les tropiques et au bord de la mer en plus... »

Quand ils furent sortis de là, alors qu'ils marchaient dans une des larges avenues bien droites de Conakry, à l'ombre des arbres, Tierno se demanda s'il avait rêvé ou pas. Les

Blancs, il les connaissait déjà, il en avait vu à Mamou. Certains dormaient avec des femmes noires. Plusieurs même avaient eu des enfants... Les Blancs de Conakry étaient d'autres Blancs, ils parlaient beaucoup et donnaient l'impression de ne pas écouter ce qu'ils disaient.

– Je n'aime pas ces toubabs-là, ceux que l'on a vus, l'autre avec son uniforme et celui qui donne les papiers...

– Tierno, le piment fait mal aux yeux, mais il ne les crève pas ! Tu verras d'autres choses, des choses qui dépasseront ta tête : ne dis rien.

Tierno, encore une fois, ne répondit pas à son oncle. Il connaissait la politesse. Et puis son oncle avait vu mûrir les bananes avant lui, il avait aussi parlé avec les Blancs avant lui.

Ils se promenèrent un peu. Conakry, c'était un avant-goût de Dakar, certainement, et Saliou montrait la ville à son neveu comme s'il en était le propriétaire. Tierno, lui, était bien étonné de voir autant de Blancs, habillés en blanc et tous portant comme à Mamou un casque pour se protéger du soleil.

– Pourquoi ils ont peur du soleil ?

– Parce que leur peau blanche devient rouge.

– C'est vrai ça ?

– Je crois oui que c'est vrai.

– C'est pas plutôt parce qu'ils ont bu trop de sang qu'ils deviennent rouges ?

Saliou rit et demanda :

– Qui t'a dit qu'ils boivent du sang ? Et quel sang ?

– Du sang en bouteille, quand ils mangent, on le dit.

– Tu es fou, Tierno, ce qu'ils boivent, c'est du vin oui, du vin de chez eux là-bas, pas du vin de palme. Non, les toubabs ne sont pas des buveurs de sang... ce sont des gobeurs d'œufs, ça, j'en suis sûr, je les ai vus faire.

Ils rentrèrent au quartier indigène, après un détour par l'hôtel du gouvernement et le grand hôtel Dubot. Quand ils arrivèrent à la maison de Saliou, Binta leur avait préparé un bon plat de riz, avec du poisson et des crevettes.

– Tierno, la sauce feuille coco, ça va pour toi ?

– Ça va.

Après son oncle, il mit sa main dans le plat. C'était bon, très bon. Pour la première fois depuis son départ de Mamou il se sentit bien. Il dit à son oncle :

– Manger comme ça, un plat que l'on ne connaît pas, c'est vraiment voyager loin, très loin.

Saliou sourit à son neveu. La bouche pleine, il lui confia :

– Tierno, Samory* est mort en mille neuf cent, quand le siècle arrivait. Toi tu avais seulement un an ou deux...

– J'avais deux ans mon oncle puisque nous sommes en mille neuf cent quinze.

– C'est cela, un an ou deux... Quand Samory a été fait prisonnier, tu venais de naître toi. Il a dit au grand chef blanc : « Plutôt mourir que vivre dans la honte. » Il l'a dit et il a voulu mourir ! Pourquoi ? Les Blancs ont bâti Conakry de toutes pièces, tu vois ça.

Il fit un grand geste circulaire et remit sa main dans le plat puis mangea un peu avant de continuer.

– Aujourd'hui, partout c'est les Blancs qui sont nos maîtres. C'est comme ça. N'oublie pas, ils sont nos maîtres.

Tierno cessa de manger. Son oncle souriait par habitude, comme il avait souri aux Blancs toute la journée.

CHAPITRE 2

BLEU-BLANC-ROUGE

Le *Ville du Havre* était là et bien là. Il était loin du wharf[1], mais il ne passait pas inaperçu ! Il était gros, grand, ventru et une fumée noire s'échappait de son énorme cheminée. On aurait pu croire que cette fumée-là voulait peindre les morceaux de ciel bleu laissés à découvert par les nuages.

– Tierno, un bateau comme celui-là ne craint pas la pluie. Tu as vu ça ? C'est un géant.

Tierno pensait en effet que c'était un géant. Aucune des pirogues traversant le Konkouré n'aurait pu faire croire qu'elle appartenait à la même famille que ce monstre en fer.

– Dans deux jours, tu seras à Dakar toi !

Tierno sourit. Il voyait bien que son oncle était content pour lui et qu'il nourrissait de grands espoirs. C'est vrai que Tierno était le premier homme de la famille à aller là-bas, dans cette école où déjà quelques fils de chefs avaient si bien appris le monde visible. Ceux-là en savaient plus aujourd'hui, disait-on, que les plus vieux, au menton velu et aux talons rugueux !

---

1. *Wharf* : Appontement qui s'avance dans la mer.

Ils attendaient un des chalands porteurs de bananes faisant l'aller-retour entre le wharf et le cargo. Tierno n'avait pas peur et il était moins triste là, près des vagues qui caressaient Conakry, qu'il ne l'avait été au départ de Mamou.

Ils entendirent tamtamer derrière eux. Ce fut assez pour que toute l'activité cesse. Tous, curieux, regardaient un cortège qui arrivait : des hommes, des femmes et encore d'autres hommes et d'autres femmes, aussi noirs que les premiers, mais habillés comme des Blancs ! Devant eux marchait un garçon qui devait avoir à peu près l'âge de Tierno. Ils avancèrent sur le wharf. C'est alors que Tierno et Saliou virent les porteurs de bagages.

– Celui-là va voyager dans le même bateau que toi.

– C'est peut-être Aboubacar, le Soussou qui va aussi à l'école des Blancs...

Tierno avait raison : c'était Aboubacar qui venait d'arriver pour embarquer avec lui et partager là-bas, à Dakar, le même destin. Tierno se sentit un peu petit. Ce Soussou, là, à une quinzaine de mètres de lui, était certainement le fils d'un grand chef pour avoir si grande compagnie, avec des musiciens et un griot*.

– Tierno, c'est toi mon gaillard ?

Le fonctionnaire blanc qui posait la question avait deviné, il s'était directement adressé à la bonne personne.

– Oui...

Il montra ses papiers.

– Alors, vite fait, tu embarques sur ce chaland.

Tout était en ordre. Le Blanc lui fit signe d'y aller. Les caisses de bananes prenaient toute la place sur le chaland, mais avec habileté Tierno sauta dessus. Saliou lui passa les bagages. Aboubacar, le Soussou, sauta à son tour. Plusieurs des femmes qui l'avaient accompagné pleurèrent, alors que le griot chantait encore quelques louanges. Tout alla si vite que Tierno n'eut pas le temps de dire à son oncle Saliou les derniers mots qu'il avait préparés pour lui. Dix fois il le salua de loin, alors que le chaland voguait vers le *Ville du Havre*. Saliou restait sans bouger, il souriait. Tierno comprit qu'il ne quitterait pas le wharf avant que le cargo ne s'éloigne vers l'horizon.

– Tu es Tierno de Mamou toi, c'est bien ça ?

– C'est ça même.

– Salut à toi mon frère. Je suis Aboubacar fils de Daouda Soumah roi du Tabounsou. Je savais que nous devions voyager ensemble, pour aller à l'école ensemble.

Tierno serra fort la main qui lui était tendue. Il trouva que ce Soumah avait une assez bonne tête pour devenir son ami.

Quand le chaland arriva à couple du cargo, Tierno et Aboubacar eurent une surprise ! Ils furent débarqués d'un côté et embarqués de l'autre exactement comme les caisses de bananes. Ils montèrent dans une sorte de grand filet, avec leurs bagages et hop… la grue du bateau les enleva, dans les airs !

– Tierno, mon frère, qu'est-ce qui nous arrive ?

– Aboubacar tu es devenu un sèguèlèrè… et moi aussi.

– Tierno, dis-moi, c'est quoi un sèguèlèrè ?

Tierno rit et répondit :

– Un épervier.

Tierno essayait de faire le fier, mais il n'en menait pas large. Il ne savait pas nager et si le filet chargé des deux garçons plus les bagages craquait, il était un homme mort.

Aboubacar lui lança :

– Tu m'apprendras le pular et moi je t'apprendrai le soussou. Avec le français en plus, ça nous fera trois langues pour tout dire.

Le filet retomba sur le pont du cargo sans ménagement.

– Aïe ! On n'est pas des bananes…

Ils récupérèrent leurs bagages et attendirent. Pour l'instant, personne dans les parages. Les laptots* travaillaient dans une des deux cales qui se remplissait de bananes et loin à l'arrière, dans le haut du château, ils apercevaient des silhouettes qui allaient et venaient. On ne s'occupa d'eux qu'après le chargement complet, quand la cale de l'avant fut pleine et fermée. Un Noir en uniforme, sorti de nulle part, les interpella :

– C'est vous deux mêmes les longs c'ayons* ?

Ils se regardèrent et se sourirent, avant qu'Aboubacar ne réponde :

– Oui, c'est nous.

Sans ajouter un mot de plus, le militaire leur fit signe. Ils le suivirent, tout le long de la coursive tribord, l'un derrière l'autre, encombrés de leurs bagages. Ils avaient fait vingt pas, quand ils sursautèrent : la sirène du *Ville du Havre* saluait Conakry. C'était le départ.

– C'est un éléphant ce bateau ! s'exclama Aboubacar.

– Faut veni...

Aboubacar, le premier, suivit. Ils arrivèrent à la poupe et là, surprise : ils n'étaient pas seuls. Une bonne quarantaine d'hommes noirs attendaient, allongés, assis, accroupis.

Le militaire leur dit simplement :

– Là, domi' et attend' Daka'.

– Là ?

– Là même, avec z'eux, y vont app'end' la gue'e.

Lui, il avait peut-être déjà appris à faire la guerre, mais pas encore à parler la langue française des officiers !

Tierno et Aboubacar posèrent leurs bagages contre le bastingage. Ils se regardèrent au fond des yeux. Ils avaient compris, ils devaient passer leur temps de voyage là, en plein air, protégés seulement par une toile tendue au-dessus des têtes. Une toile qui ne pouvait suffire pour tous. Aboubacar, les dents serrées, dit :

– Mouna kolon ein soukhoumanè noun aloh bourouncé én ndan naki kouyé forè*.

Un des hommes qui étaient allongés non loin de là se leva et vint vers Aboubacar. Il se mit à genoux, tête baissée, pour le saluer. Après cela il s'adressa humblement à lui en soussou. Aboubacar lui répondit. Tous les regardaient à présent, même le militaire qui ne s'était pas encore éloigné. L'homme qui avait salué Aboubacar alla vers le militaire et lui dit très fort :

– Lui être roi. Lui le roi, là-bas...

Il montra la côte un peu à l'ouest de Conakry.

– Moi s'en fout' le 'oi ! Long c'ayon êt'ici pou' domi' avé les aut's.

Les hommes se serrèrent un peu et firent une bonne place à Aboubacar et à Tierno qui se regardèrent encore et se mirent à rire. Leur rire fut contagieux à tel point que l'éléphant des mers se mit à vibrer, et à barrir de toutes ses ferrailles. Il bougea, en direction du large. Il remuait la mer sous lui, sans ménagement, sans peur.

Tierno et Aboubacar, épaule contre épaule, regardèrent Conakry s'éloigner. Ils avaient à présent le cœur serré. Tierno dit :

– Ne soyons pas trop tristes, la tristesse du bouc n'empêche pas les sacrifices.

Aboubacar, après un instant, lui répondit :

– L'enfant qui a voyagé revient au village plus âgé que son père. Nous reviendrons plus âgés que nos pères.

La côte n'était plus qu'une ligne brune à l'horizon et Conakry s'était effacée. Ils s'assirent et retirèrent leurs chaussures qu'ils rangèrent dans leur sac.

– Ici, mon frère, on ne risque pas d'avoir de la poussière aux pieds !

– Ni aux pieds ni aux fesses !

Tierno sortit la calebasse pleine de noix de cola que lui avait donnée Kadiatou et il en offrit une à Aboubacar. Aboubacar la prit, et d'un geste sec la coupa en deux :

– Moitié pour toi et moitié pour moi, nous sommes des frères.

Tierno fut ému. Lui, il était le fils d'un homme sage, mais simple, même si son troupeau était grand et s'il avait de nombreux bergers pour garder toutes ses bêtes.

Tierno distribua aux autres les noix de cola qui lui restaient.

Le soir tomba vite sur le *Ville du Havre* et il fut vite poussé par la nuit. Tous les Africains eurent cinq grandes bassines de riz à se partager. C'était une sorte de riz au gras, un peu fade. Ils mangèrent et Tierno partagea encore ce qui lui restait depuis Mamou : du fonio, de la pâte d'arachide, des boulettes de viande. Ceux qui mangeaient avec lui et Aboubacar, côté tribord, apprécièrent. Aucun ne savait que de nombreuses saisons des pluies et de nombreuses saisons sèches passeraient avant qu'un bon fonio ne les contente.

Presque tous firent leur prière, tournés vers Conakry qu'ils avaient laissée derrière eux depuis plusieurs heures.

– Tierno, ça va ?

– Non, il fait trop froid sur cet éléphant cracheur de fumée !

– Oui, j'ai froid aussi.

Ils étaient serrés, allongés l'un contre l'autre. Les hommes qui partaient à la guerre essayaient aussi de se protéger du froid qui tombait du ciel. Ils étaient des grappes noires voulant devenir invisibles dans le noir de la nuit. L'un d'eux semblait pleurer. Alors que ceux qui étaient le mieux protégés par les autres et qui avaient moins froid venaient de s'endormir, le *Ville du Havre* commença à prendre la mer par le travers. Le vent s'était un peu levé et le bateau se balançait comme un bienheureux, sûr de lui, habitué à sortir vainqueur de sérieux coups de tabac !

Tout était sans doute normal à la proue et les marins qui n'étaient pas de quart devaient dormir et rêver. Mais, à la poupe, la « tribu » africaine se portait mal ! Ceux qui avaient peu mangé furent les premiers à vider leur estomac à la mer, souvent avec de tels hoquets qu'ils donnaient l'impression de vomir jusqu'à leurs tripes. D'autres, qui avaient mangé et fumé sans se priver de parler, sentirent aussi les vagues bouger dans leur tête et leur corps. Tierno ne fut pas épargné. Aboubacar vivait la danse du bateau sans souffrir. Il le savait, si un grand féticheur comme celui qui servait son père avait été là, il aurait guéri les malades, peut-être simplement en arrachant adroitement la tête d'un poulet blanc et en laissant le sang couler dans la mer.

Au petit matin quand le soleil arriva derrière eux, ils eurent un peu de mal à faire revivre leur corps dans le nouveau jour. Le roulis et le tangage n'avaient pas fini d'être complices. Enfin, ils furent sur pied. Après quelques ablutions, ensemble ils commencèrent leur première prière de la journée. C'est juste au moment où, mains levées, ils allaient adresser leur parole au Prophète, qu'un cri arriva sur eux, comme pour les transpercer.

– Tous tournés vers moi ! Et que chacun salue les couleurs bordel de Dieu !

Tierno avait entendu comme les autres, mais il continua à prier. Pourtant, il ne pouvait plus concentrer son esprit. Les mots qui résonnaient dans sa tête... et cette voix, il la connaissait ! Alors qu'il tentait en vain de bien continuer à prier, la voix hurla :

– Ça suffit la négraille ! J'ai dit vers moi, vous pourrez déblatérer vos histoires après.

La voix, c'était celle de l'adjudant qu'il avait croisé alors qu'il était aux Affaires Indigènes, le militaire qui, devant lui, avait chicoté sans ménagement un de ses frères... Il s'efforça de prier. Il ne s'aperçut pas que seul Aboubacar, comme lui, priait toujours. Les autres, tête basse, s'étaient tournés vers l'adjudant qui, bien sanglé dans son bel uniforme, face au soleil, semblait trop vrai pour être vrai ! Il gesticulait comme un pantin fou... fou oui, et l'on aurait pu croire qu'il voulait être le maître du bateau, le maître de la mer, le maître du monde peut-être. Il se précipita vers Tierno et Aboubacar qui lui montraient leur dos et, les prenant par le col, il les bouscula pour les tourner vers lui et vers le drapeau, qui attendait comme une fleur fanée au bas d'un mât qui s'enfonçait dans la petite cale arrière.

– Canailles ! Des peaux d'fesse comme vous j'en ai déjà matés quelques-uns... vous allez voir.

Il avait beau faire, ni Tierno ni Aboubacar ne réagissaient. C'est vrai qu'il était difficile d'imaginer une réponse, et puis on ne parle pas à un feu de brousse ! Quand l'adjudant vit que tous les autres étaient bien amusés par le petit spectacle qu'il donnait, il se reprit. Il bouscula Tierno et Aboubacar et les laissa là. Il vint se planter près du mât et fit signe au soldat noir qui l'avait accompagné. Celui-là, personne encore ne l'avait remarqué. C'était un clairon et il s'époumona pour jouer sa musique du matin. Un autre, celui qui la veille avait amené Tierno et Aboubacar avec les hommes qui partaient apprendre la guerre, fit s'élever le drapeau bleu-blanc-rouge de la France. Les futurs soldats regardaient ça à présent. Ils le connaissaient, ce drapeau, ils l'avaient vu plusieurs fois, mais celui-là en plein vent était beau, nerveux, résistant : il avalait le vent.

Ni Tierno ni Aboubacar ne virent les trois couleurs monter prendre place sous les gros nuages du ciel. Ils étaient restés à genoux, tête baissée.

Quand les hommes noirs furent seuls, ils parlèrent beaucoup entre eux. Tierno et Aboubacar étaient à part. Quelques hommes les avaient secrètement admirés sans doute, mais la plupart les prenaient pour des fous. Ils savaient que les Blancs étaient forts, que le moindre Blanc était un grand roi, que c'était ainsi.

– Tierno, il n'arrive que ce qui doit arriver.

– Oui mon frère et avec ce bâtard de bâtardise nous allons encore souffrir.

Tierno avait raison, ils allaient encore souffrir. L'adjudant déboula avec le commandant, maître après Dieu du *Ville du Havre*. Il désigna Tierno et Aboubacar. Il précisa :

– Voilà les deux meneurs.

Le commandant, qui avait un ventre aussi rond qu'une calebasse, s'approcha.

– Ton nom ?

– Tierno...

– Toi ?

– Aboubacar.

Le commandant nota les deux noms sur une fiche. Il échangea quelques mots avec l'adjudant, puis ils éclatèrent de rire. Ils s'en allèrent. L'adjudant continua à rire pour lui-même.

Quelques minutes plus tard, Tierno et Aboubacar furent invités à déménager :

– Vous les deux veni'.

– ?

– Veni' dans la case, là.

Le soldat noir leur indiquait la cale. Il avait levé un coin du prélart qui la recouvrait et d'un geste les invitait à descendre, en empruntant une échelle qui était plus à pic que celles qui béquillent les greniers à mil.

– Vous tomber là...

Un peu à l'écart, l'adjudant observait la scène, un petit sourire aux lèvres. Tierno et Aboubacar descendirent à fond de cale. On leur balança leurs bagages.

Ils levèrent la tête et virent dans un morceau de ciel se découper la tête de l'adjudant qui leur lança :

– Rendez-vous demain à Dakar... j'ai une petite surprise là-bas, pour vous deux.

Au-dessus de leur tête le prélart fut remis en place et ils se retrouvèrent dans l'obscurité. Ils étaient dans le ventre même de l'éléphant qui nageait vers Dakar. Ils entendaient tous les bruits avec précision, comme des cris nocturnes de bêtes sauvages. Pas loin de leurs oreilles, l'hélice hachait les vagues et poussait le bateau.

– Tierno, on est devenus des invisibles ici.

– Non. Donne-moi la main.

Aboubacar donna sa main. Tierno la serra.

– Je te vois avec ma main, Aboubacar. Tu es vivant et moi aussi.

Ils s'allongèrent sans se lâcher.

– Tierno, j'ai avec moi une corne d'antilope naine, elle éloignera les dangers.

– Moi, j'ai autour du bras sur ma peau un brassard, noir-bleu, c'est mon grand frère Mody Oury qui me l'a donné, je ne crains rien ni personne.

Ils n'eurent pas besoin de s'avouer qu'ainsi ils avaient moins peur. Ils ne surent pas quand faire leur prière de midi, celle du milieu de l'après-midi, celle du coucher du soleil et celle du soir. Le temps passait sans leur donner aucun signe particulier.

Tant d'heures s'étaient écoulées qu'ils avaient eu tout loisir de se raconter et de bien se connaître. Même, ils avaient ri un peu, en psalmodiant en chœur la première sourate du Coran : ils avaient fréquenté l'école coranique et y avaient été de bons élèves avant d'aller encore apprendre chez les missionnaires, là où il faut écrire de gauche à droite.

– Aboubacar, on va réciter toutes les sourates. Je commence et tu continues et je continue encore et toi après. C'est possible ça ?

– In sâ Allahou*.

CHAPITRE 3

QUE LA PAIX DE DIEU NOUS ACCOMPAGNE

Quand le *Ville du Havre* arrêta ses machines, Tierno et Aboubacar étaient plus secs qu'une piste poussiéreuse fustigée par l'harmattan*. Depuis plusieurs heures, ils avaient le gosier en feu et la langue lourde. Ils étaient restés dans le noir avec quelques provisions de bouche... de quoi manger mais c'était peu ce qui restait dans leurs bagages et ils n'avaient rien eu à boire. Ils étaient sales. Quand le prélart au-dessus d'eux se souleva, on les invita à remonter. Ils se sentirent soulagés ! Un moment, ils avaient craint d'être oubliés là et de voyager à fond de cale jusqu'à la mort.

Les hommes qui partaient en France apprendre à faire la guerre, avant de faire la guerre, les accueillirent avec des gestes amicaux. Tout de suite ils leur donnèrent de l'eau et même un peu de riz qu'ils avaient gardé. Tierno, qui ne savait pas nager, aurait pourtant voulu être plongé dans la mer pour se décrasser ! Aboubacar était aussi abattu que lui, mais tous deux restaient droits, presque fiers. Ils savaient bien : si le cœur n'est que blessé, le sang continue à couler dedans, et la vie dure. Ils aperçurent l'adjudant qui les avait punis. Il palabrait avec le capitaine. Quatre soldats noirs, l'air dominateur, donnaient des ordres à leurs frères qui ne savaient pas comment débarquer. Ils les obligèrent à se mettre en rang et ils leur firent comprendre que le bateau pour la France était celui qui était là, à moins d'une encablure, et qu'il les attendait. C'était vrai, un grand vapeur plus fumant encore que le *Ville du Havre* était mouillé devant eux, tenu en laisse par ses deux ancres.

– Vous les deux, les longs c'ayons suiv'e les aut's.

– Suivre les autres ?

– Oui, moi suiv'eux, tout les mondes suiv'eux.

En prononçant ces derniers mots, le soldat leur montra l'adjudant qui les observait toujours. Ils suivirent et débarquèrent du *Ville du Havre* comme les autres, agrippés à un filet de coupée qui pendouillait de la coque. Chacun devait avoir avec lui un bon gri-gri, puisque aucun homme ne tomba à l'eau. Ils embarquèrent dans le gros vapeur en faisant les mêmes gestes... à l'envers. Ils embarquèrent tous, avec maladresse, en grimpant les grosses mailles d'un autre filet.

Quelques marins les observaient, amusés.

C'est vrai qu'ils étaient un peu ridicules, attifés de mille manières, quelques-uns portant turban, plusieurs vêtus de longs boubous. Chacun avait son bagage. Tierno et Aboubacar n'avaient pris que leur sac principal déjà bien lourd. Ils avaient laissé le reste sur le *Ville du Havre*, ne sachant comment ils le récupéreraient.

Les hommes étaient dirigés vers l'entrepont dès qu'ils posaient les pieds à bord du vapeur. De là, ils allaient remplir deux cales aménagées. À leur grande surprise, ils rencontrèrent d'autres Africains déjà installés, qui comme eux partaient apprendre à faire la guerre, avant de faire la guerre.

Tierno et Aboubacar se mirent de côté et laissèrent passer tous leurs compagnons embarqués à Conakry.

Ils assistèrent à l'embarquement de l'adjudant qui les avait punis et de ses quelques soldats. Celui qui leur avait donné les derniers ordres vint vers eux.

– Vous tous les deux attend'là.

Ils attendirent. Devant eux le port et la ville cachaient leurs hommes, ils n'apercevaient presque personne.

– La ville est vide ?

– Non, ils siestent tous.

Ils n'en dirent pas plus. Le vapeur fit entendre sa corne et peu après il se mit à vibrer.

– Tierno... c'est quoi ça ?

Tierno ne répondit pas. Pourtant, il avait deviné, mais il ne voulait pas se croire. À bord, il y avait un peu d'agitation. On remontait les ancres. Le vapeur commença à bouger... à s'éloigner.

– On part, nous aussi on part en France.

Tierno avait raison. Ce n'était pas une erreur. L'adjudant riait ouvertement en les désignant, tout en parlant à quelques marins blancs.

– Aboubacar mon frère, nous ne verrons pas Dakar.

Aboubacar venait lui aussi de sentir le piège. Il dit gravement :

– Que la paix de Dieu nous accompagne.

Dakar s'estompa doucement. Ils gardèrent de la ville qu'ils n'avaient pas vue l'odeur des arachides qui parfumait le port. Ils s'installèrent dans l'entrepont, là où ceux qui venaient de Conakry étaient nombreux. Il y avait à bord plus de cinq cents hommes noirs. Tous allaient découvrir la France. Ils s'organisaient déjà, chacun essayant de ne pas perdre ses frères qui parlaient la même langue. Presque toute l'Afrique-Occidentale française était représentée sur ce bateau ! Certains, peu nombreux, s'étaient portés volontaires, beaucoup avaient été désignés par le village. Les rois ou les chefs ou simplement les vieux avaient dû les donner à la France : un homme, un jeune, pour cent habitants. Il fallait obéir tout de suite en donnant un homme ou obéir plus tard en payant une amende de deux bœufs et en donnant quand même un homme. Tierno et Aboubacar apprirent cela. Ils apprirent aussi que les Mossis et les Bambaras s'étaient révoltés... Mais comme toujours, les Blancs avaient été les plus forts avec leurs fusils à culasse contre les vieux fusils de traite et les flèches et les machettes.

Dans le vapeur qui emportait sa cargaison d'hommes, dont aucun n'avait encore jamais quitté l'Afrique, on entendait parler le malinké, le dioula, le sénoufo, le serrère, le haoussa, le mooré, le fon, le baoulé, le bassari, le songhaï, le fulfude, le sara, et dix ou vingt autres langues encore...

Seuls, peut-être, Tierno et Aboubacar parlaient aussi bien que les Blancs la langue des Blancs. Ils savaient à eux deux beaucoup de choses sur la France et ils auraient pu devenir les griots du bord : ils auraient pu raconter un peu les Gaulois, Jeanne d'Arc, les rois, la Révolution française... Mais, ils n'auraient pas su dire à leurs frères, qui connaissaient presque tous les exploits de Samory, que beaucoup d'entre eux partaient en France à tout jamais, pour mourir... que beaucoup seraient tués comme l'avaient été leurs pères par la Maxim[1], elle qui en plus, depuis 1914, avait déjà haché trop tôt, trop vite, bien des corps de soldats, morts pour la France éternelle. Ils savaient un peu le passé lointain de la France, mais presque rien sur la guerre qui, là-bas, opposait des Blancs à des Blancs.

Avant de connaître le froid de la France, d'acheter un savon « Bébé Cadum », un flacon de sent-bon « Cœur de Jeannette » et de vivre l'enfer de la guerre, les hommes découvraient la mer. Beaucoup étaient malades et ils ne savaient pas si leur cœur chavirait à cause du bateau qui dansait sur l'eau ou par la faute de la nourriture des Blancs, qui n'était jamais intéressante dans la bouche. Même les

---

1. *Maxim* (mitrailleuse) : Opérationnelle en 1883, elle fut utilisée pendant la colonisation en Afrique, et par les Allemands pendant la guerre de 1914/18.

pêcheurs bozos, embarqués eux aussi pour apprendre à faire la guerre, avant de faire la guerre, avaient le mal de mer ! Pourtant, ils étaient habitués à naviguer sur le Niger. Mais c'est vrai que là-bas, chez eux, le génie de l'eau les protégeait.

Les malades finirent par aller un peu mieux. Ils ne savaient pas que Mami Wata* avait tout doucement demandé aux vagues de ne pas se faire trop violentes, qu'elle avait veillé comme une bonne fée pour retenir les vents afin que ses parents d'Afrique ne souffrent pas trop, tout de suite.

Quand le vapeur quitta le vieil océan pour la mer Méditerranée, Tierno et Aboubacar étaient un peu moins malades eux aussi. Leur cœur s'était beaucoup apaisé. Ils savaient bien que rien n'est inconnu de Dieu et que Dieu connaissait ce qu'ils étaient devenus, que Dieu savait qu'ils allaient apprendre à faire la guerre pour faire la guerre !

Tierno répétait souvent à Aboubacar, quand il semblait un peu triste, les mots de son oncle qu'il avait retenus :

– Mon frère, la vérité est souvent comme un piment mûr, elle rougit les yeux mais elle ne les crève pas.

Quand le vapeur longea enfin la côte française, les hommes noirs avaient eu le temps de mêler leurs langues, ils étaient déjà devenus une famille. Ils ne savaient rien des armes des Blancs et de la guerre des Blancs. Ils étaient des bataillons d'ignorantistes oui, mais ils étaient déjà, pour ceux qui allaient les regarder faire leurs premiers pas en France, des « tirailleurs sénégalais ».

– Tierno, il est où le crocodile à la queue écourtée ?

Les hommes venaient de débarquer tranquillement et ils marchaient en colonne par deux.

– Il a disparu, il n'est plus avec nous.

C'était vrai. L'adjudant avait livré son contingent et il repartait ailleurs, vers un autre destin que celui de ces hommes noirs qu'il ne connaîtrait jamais. À d'autres de subir sa bouche encombrée de méchancetés !

Le soleil de fin septembre était doux et il éclairait au loin les contreforts de l'Esterel. Le ciel au-dessus de Saint-Raphaël était peint en bleu. Il était beau, même si son bleu n'était pas tout à fait le même que celui bien lavé du Fouta. Tierno apprenait le paysage... comme tous, lui le garçon peulh, originaire de partout et habitant de nulle part, se familiarisait avec sa nouvelle vie. Il était aux ordres comme il l'aurait été à l'école. Lui et Aboubacar avaient été très vite remarqués. Ils parlaient trop bien français pour passer inaperçus. Le capitaine Julien Legall les avait interrogés :

– Mais qui vous êtes tous les deux pour parler comme cela ?

– Nous sommes allés à l'école, mon capitaine. Nous avons eu notre certificat d'études indigènes.

– Je ne comprends pas ce que vous foutez là… vous êtes les premiers savants que je vois passer ici !

– On était des volontaires capitaine, volontaires pour la France…

– Volontaires pour la guerre… ajouta Aboubacar.

Legall leur sourit en passant sa main sur son menton rasé de près. Sérieusement il leur déclara :

– Si vous n'êtes pas tués par l'ennemi, vous finirez sous-officiers, c'est très possible ça.

– Nous n'avons pas peur des Boches, capitaine.

– Ouais, on dit ça. Bientôt vous verrez les « zallémands » de près et ce sera une autre musique, croyez-moi. Moi aussi, d'ailleurs, je vais les revoir de près, j'ai presque fini mon temps ici.

Legall s'était montré assez aimable. Il s'était adressé à Tierno et Aboubacar comme à de futurs frères d'armes.

Le soir, après la soupe et la prière, Tierno et Aboubacar parlèrent longtemps avant de dormir. Pourtant ils étaient bien fatigués, épuisés même, par les heures de marche avec leur barda de trente kilos !

Ils oublièrent un peu leur fatigue en répétant comme deux idiots :

– On était volontaires, capitaine, volontaires pour la France…

– Volontaires pour la guerre…

Tierno murmura :

– Il faut continuer à dire aux Blancs ce qu'ils veulent croire, il faut qu'on se débrouille...

– Oui, il faut qu'on se débrouille comme l'enfant qui n'a plus de mère et qui tête le lait de sa grand-mère.

Octobre passa, et novembre. Les nuits étaient fraîches et les petits matins difficiles. Décembre fut le mois le plus dur. Le froid ne faisait pas de cadeau, il était plus fort, plus vif que le plein hivernage dans le Fouta ! Quelques Africains allèrent à la messe de Noël... seulement ceux qui étaient déjà allés à la messe avant, en Afrique. Ils étaient très peu nombreux. Le lendemain, ce fut un défilé de civils au camp Gallieni. Des femmes de la ville vinrent distribuer aux soldats un petit colis. Ce fut la fête, non pas parce que chacun avait un cadeau, mais parce qu'il y avait des découvertes à faire. En plus des friandises, qui étaient identiques pour tous, les uns héritaient d'un cache-nez bien tricoté, les autres d'une paire de gants... Demba, un Toucouleur, découvrit une montre, une vraie montre, dans son colis : un oignon aussi rond que le soleil et qui certainement devait donner l'heure aussi bien que le soleil. Avec ce cadeau formidable, il devint le roi de la compagnie et souvent, dans les jours qui suivirent, pendant les heures de repos, les hommes restaient en rond, assis sur leurs talons, et regardaient la montre. Ils l'écoutaient autant qu'ils auraient écouté le cœur d'une bien-aimée.

En janvier, l'année 1916 commença au camp Gallieni

comme avait fini l'année 1915, sauf que Tierno aurait voulu qu'un féticheur de Mamou soit là pour soigner le soleil ! Chaque matin, il arrivait, maître du ciel, il s'exposait comme un beau fruit bien mûr, mais il ne chauffait pas !

Février : cela faisait cinq mois déjà que les hommes arrivés avec Tierno et Aboubacar étaient là. Ils ne connaissaient pas encore la guerre, mais ils avaient appris à faire la guerre et ils parlaient déjà, à leur manière, la langue française des soldats qui savent le B + A de bataillon, le C + A de canon, le O d'obus et L de Lebel... le L de fusil et bien sûr le Z de zallémand !

Tierno avait avec eux appris un peu toute son Afrique en écoutant les confidences, en entendant le matin :

– *Anissôgôman.*

– *M'baba, anissôgôman.*

Ou

– *N'dja ahin ô.*

– *Yoh! n'dja ayéré.*

Ou

– *Yaoh ato.*

– *Aho, ayô.*

Et encore :

– *Fouognien nan.*

– *M'baba, fouognien nan.*

Et encore et encore :

– *Jam Nga Fanan?*

– *Jam rek!*

Un Diola, qui semblait plus jeune que lui, n'oubliait jamais de saluer Tierno et chaque matin, comme s'ils étaient du même village, ils se disaient :

– *Ni Saafi.*

– *Massoumé.*

– *Bou nou moré?*

– *Kassoumaye baré.*

Tierno retenait des rudiments de sa langue et en échange il lui apprenait un peu de français.

Ils étaient tous prêts, beaucoup se sentaient invincibles avec leur fusil et leur machette plus toutes les grenades et les obus qui leur étaient promis. Le dernier matin, avant qu'ils ne partent prendre le train pour les champs de bataille, le colonel lui-même vint leur parler, et présida à la levée des couleurs. Dans les rangs, Tierno et Aboubacar n'étaient pas très loin l'un de l'autre, au garde-à-vous. Quand le drapeau de France arriva en haut de son mât, personne ne les vit tourner légèrement la tête pour se regarder et se comprendre.

Peu après, alors qu'ils remplissaient leur musette avec le casse-croûte qui les ferait tenir pendant le voyage, Tierno dit à Aboubacar :

– Le drapeau de France, c'est le gri-gri des Blancs. Le colonel aime son drapeau comme toi tu aimes ta corne d'antilope naine et moi mon brassard autour du bras !

Aboubacar répondit :

– Oui, ici c'est lui le grand gardien des traditions sacrées.

Ils quittèrent le camp en fin de matinée. Le ciel au-dessus de l'Esterel était encore bleu, mais le soleil n'avait fait aucun progrès, il faisait toujours frais ! Tierno n'avait pas froid. Sous sa capote, il avait autour de son corps sa petite peau de chèvre du Fouta... son tapis de prière.

CHAPITRE 4

DES OBUS MIAULENT DANS LA BROUSSE

Le bataillon était cantonné dans les bois de l'Argonne. La guerre avait séjourné par là, mais elle était à présent un peu plus loin. Ce mois de mars n'annonçait pas le printemps : la neige tombait. Elle essayait peut-être de camoufler les blessures subies par la nature depuis 1914. Les tirailleurs, yeux ouverts et mains dans les poches de leur capote, étaient passés du côté de Fontaine-aux-Charmes et de La-Fille-Morte, en ne voyant que du blanc.

La nuit, ils vivaient dans des baraques, essayant tour à tour de faire ronfler le poêle le plus possible. Le jour, ils travaillaient dans une carrière. Ils attaquaient les pierres... seulement les pierres qui serviraient à consolider la Voie Sacrée[1]. La guerre, ils la sentaient, pas loin. Ils entendaient ses coups, ils s'y habituaient, sans voir la mort semer dans les labours de printemps qu'elle avait préparés à coup d'obus.

Tierno, au départ de Saint-Raphaël, était devenu caporal, soit « capooil » pour tous les hommes de l'équipe qu'il devait à présent commander. Aboubacar aussi avait eu un

1. Voie Sacrée : Nom donné, pendant la bataille de Verdun, à la route longue de 135 kilomètres unissant Bar-le-Duc à Verdun.

premier galon. Ils étaient les plus jeunes, sans doute, mais ça ne se voyait pas. Tous les nègres* des bataillons étaient nés peu avant le siècle, et ceux qui, au pays, avaient déjà marié une femme et eu le temps de faire un ou deux enfants n'avaient guère plus de vingt ans. Aucun n'aurait su dire exactement son âge. Ils étaient « nés vers »... et que ce soit vers mille huit cent quatre-vingt-quatorze, ou mille huit cent quatre-vingt-quinze, ou mille huit cent quatre-vingt-dix-huit, peu importait.

– On la fait quand la guerre, alors, capitaine ?

Le capitaine Legall, qui avait suivi les hommes qu'il avait formés, regarda Tierno de son petit air ironique. Il lui répondit :

– Sans charre, mon gars, t'as vraiment envie d'aller te faire poisser ?

Il accompagna ses paroles d'une tape dans le dos et d'un grand rire qu'il avait emprunté aux Africains. Tierno insista :

– On va pas quand même rester ici encore, à prendre froid et à fumer du gros-cul[1] ?

– Fume Tierno, fume pendant qu'il en est encore temps. Chut...

Il se tut et avec Tierno, et quelques autres plus l'adjudant-chef Sauffroy, leur chef de section, ils écoutèrent un lointain concert d'obus.

---

1. Gros-cul : Tabac assez grossier, distribué aux armées.

– C'est au moins du cent cinquante-cinq, dit l'adjudant.

– Non, ça, c'est du deux cent dix, pas moins. Les artiflots[1] s'en donnent à cœur joie on dirait.

Tierno avait entendu le lointain tonnerre. Il ne savait que penser. Il souhaitait la voir enfin cette guerre et il n'était pas le seul. Les hommes du bataillon, une fois de plus, ne comprenaient pas les Blancs qui les avaient faits venir là, mais qui attendaient avant de les amener la finir, cette guerre. C'était cela. Ils étaient là, ils voulaient la finir et rentrer chez eux déguster qui un bon tiep*, qui un bon foutou*, qui une sauce graine ou du beignet de haricot.

– Capooil, on va les baïonnetter quel jour les zallémands ?

– Moussa, la diarrhée ne rate jamais le cul, tu le sais... alors toi qui es soldat tu ne rateras pas la guerre, c'est sûr.

La pluie lava la neige. Ce n'était pas une de ces pluies qui balancent leurs osiers du haut du ciel, fièrement. Non, c'était une pluie fine glaciale qui tombait du ciel bas et qui s'installait pour tout mouiller, pour que rien ne sèche jamais, ni les chiens ni les hommes.

Presque un mois avait passé depuis leur arrivée, tout en cassant leurs pierres, ils avaient vu passer dans un sens et

---

1. Artiflots : Artilleurs. L'un des célèbres artilleurs de la guerre de 1914 / 1918 fut le poète Guillaume Apollinaire, qui écrivit :
Dis l'as-tu vu Gui au galop / Du temps qu'il était militaire / Dis l'as-tu vu Gui au galop /Du temps qu'il était artiflot. À la guerre.

dans l'autre toutes sortes de soldats, de chevaux, d'ânes tirant des roulottes et du matériel en fer qui, même au repos, semblait plein de méchanceté.

De temps en temps, les soldats noirs avaient une occasion de tenter d'échanger trois mots ou trois phrases avec ceux qui allaient au front ou qui en revenaient. Les paroles rapportées étaient presque toujours une énigme pour les tirailleurs. Un jour, Amadou Konaté, un grand et fort, plus grand et plus fort que les autres, s'approcha de deux soldats qui s'étaient arrêtés pour mordre dans leur carotte de tabac. Il leur demanda :

– Elle, c'est coumment la gué'e ?

Les deux poilus qui étaient plus des hommes de boue que de chair et d'os lui répondirent gravement :

– C'est la mort mon gars et toi, même si tu t'es lavé la gueule avec un morceau de houille, elle te loupera pas plus qu'un autre.

– C'est vrai, ça. C'est la mort pour tout le monde, suffit d'attendre son tour.

Ils étaient restés presque un mois face à face avec les pierres de la carrière, quand le colonel Turpin les réunit pour leur dire que leur tour était venu, que c'était à eux d'entrer en guerre. Avec solennité, il termina son discours en précisant :

– Le roi de France attend de tous ses enfants d'Afrique qu'ils tuent les Boches.

Legall, qui était près de l'adjudant-chef Sauffroy, ricana :

– C'est pas vrai, il attige le vieux... le roi de France, quand même !

– Peut-être qui sait pas qu'on lui a coupé cabèche, mon capitaine.

Les régiments d'attaque montaient en ligne. Ils allaient dans le secteur de Verdun où la bataille faisait rage depuis février 1916. On était en avril et face à l'ennemi il n'était bon pour personne d'avoir la tête en l'air... Le commandant Gaudry avec ses quatre galons était en tête du 36e bataillon de tirailleurs. Juste derrière lui Tierno allait d'un bon pas. Comme tous les autres, il était harnaché jusqu'au cou. Il pesait pas loin de trente kilos de plus avec tout son barda, sans compter son fusil, sa machette et son bidon plein d'eau. Les nègres ses frères avaient presque tous bu une ration de vin avant de décamper. Ils se laissaient mener. Un aéroplane passa au-dessus des têtes et tous poussèrent de grands cris de joie. C'était le deuxième qu'ils voyaient voler. Si un des tirailleurs avait accompagné l'aviateur en reconnaissance, il aurait vu, au sol, tous les hommes qui arrivaient comme une bande de sauterelles et là-bas, au loin du loin, devant eux, ceux qui, étant sortis de leur tranchée, ressemblaient déjà à des nuées de rats.

Avril faisait de son mieux, mais il restait vaincu par un petit froid et quand les hommes découvrirent les tranchées où ils s'enfilèrent à la queue leu leu, ils avaient encore les mains au chaud dans leurs poches. Ils durent vite fait les retirer, pour se retenir comme ils le pouvaient aux parois de terre. Tout de suite, pour ne pas s'enfoncer, ils apprirent à mettre leurs pieds dans les marques faites par les pieds des autres.

Au début, tenir debout et avancer c'était comme un jeu d'adresse. Mais cela ne dura pas. Ils avaient marché trop longtemps avant d'arriver à la tranchée et la fatigue commençait à rendre chacun moins habile. De temps en temps d'abord, souvent ensuite, ils croisaient des têtes d'hommes qui sortaient de terre ! Les hommes s'étaient aménagé des sortes de cases dans la terre, sous terre. L'un d'eux, plus curieux que les autres et qui regardait les nègres, dit très fort pour ceux qui étaient sans doute derrière lui, bien enterrés :

– V'la des peaux d'harengs saur qui vont en prendre plein la poire en première ligne !

Pas un seul des tirailleurs, même pas les pêcheurs bozos, ne savait ce que pouvait être une peau de hareng saur. Le poilu qui venait de parler pour tous ne s'était pas regardé dans un miroir depuis longtemps sans doute, sinon il aurait été plus prudent dans ses comparaisons. Lui et les fantassins de sa compagnie étaient maquillés par la boue depuis tant de jours et de nuits qu'ils avaient tous des trognes grotesques et écailleuses !

C'était le soir quand ils s'arrêtèrent et la lune et les étoiles, en pleine forme, jouaient à cache-cache derrière les plus gros nuages. Le commandant Gaudry donna ses ordres. Une petite moitié des hommes resta en plein air sous le ciel de nuit, comme pour cueillir avec leurs oreilles tous les bruits terrifiants de la guerre. Ils s'allongèrent sur le dos. Leur barda pour tout matelas était aussi dur que des pierres. L'autre moitié investit les cachettes qui étaient là, les cases creusées dans la terre. Aboubacar laissa son escouade et réussit à rejoindre Tierno et à se coller à lui, dans le même trou, dans la même case. Eux et les autres avaient commencé à voir de près la guerre... Ils avaient aperçu, en risquant une demi-seconde la tête au-dessus de la tranchée, des cadavres bleuis que personne n'avait pu ramasser et enterrer. Ils avaient vu, incroyable spectacle, des hommes blancs pleurer et entendu à un croisement de tranchées des blessés appeler leur femme ou leur mère ou leur grande sœur qu'ils voulaient revoir avant de mourir. Et surtout, ils avaient vu et entendu le ciel exploser et vomir du feu.

– Aboubacar mon frère, c'est la guerre.

– Oui, et les obus miaulent dans la brousse des Blancs.

On leur servit la soupe. Dans la nuit de leur cachette, à peine repoussée par la simple flamme d'une bougie, ils ne surent pas qui remplissait leur gamelle. Ils mangèrent et tentèrent de dormir, allongés sur les vieux journaux laissés là par ceux qui les avaient précédés.

L'aube surprit de nombreux tirailleurs dans leur champ de mil, ou à palabrer sous un baobab, ou à écouter un griot et sa cora*. Ils n'eurent pas le temps de saluer leurs rêves, de leur donner rendez-vous pour la nouvelle nuit. Il fallait sortir de la case en terre et offrir ses oreilles aux feulements de panthère des obus de cent cinq.

– Au jus ! L'attaque est prévue au petit jour.

Plusieurs burent le quart d'alcool qu'on leur offrait. Tierno et Aboubacar s'abstinrent. Le petit jour était pour tout de suite. La pluie avait cessé, mais les hommes n'avaient pas vraiment séché depuis la veille.

– Tierno ça va chez toi ?

– Aboubacar, ça va, ça va.

Le major donna ses ordres. On entendit des bruits métalliques. Quelques machettes avaient heurté les bidons. Plus loin dans la tranchée, après les tirailleurs, on entendait des jurons de toutes les sortes. Les poilus blancs qui étaient là étaient nerveux. Ils savaient à quoi s'attendre et plusieurs avaient besoin de jurer, d'insulter Dieu lui-même, comme s'il était lui aussi un planqué de l'arrière. Le capitaine Legall fit un aller-retour dans la tranchée pour offrir quelques mots aux hommes de sa compagnie. Il avait voulu lui aussi s'armer d'une machette, être un exemple. Il le savait : il devrait sortir le premier et entraîner tous ses nègres qui avaient tellement attendu. Ce fut l'heure. La première vague, composée de poilus blancs, était déjà au contact.

– En avant avec moi ! cria Legall.

Aussitôt les hommes devinrent élastiques, ils escaladèrent

la tranchée, certains glissant sur la terre molle détrempée. Ils se mirent à courir. Le commandant Gaudry hurlait de son côté pour que tous ne fassent qu'un seul peloton :

– Vite, plus vite, poussez-vous nom de Dieu !

Ils couraient en tirailleurs, espacés de quelques mètres, leurs machettes ouvrant l'air froid du matin. Devant eux des rafales d'obus leur avaient préparé le terrain... Pourtant, à peine furent-ils sortis de leur cachette que face à leurs gestes une mitrailleuse Maxim taptapa en cadence. Alors, les fils de Soundjata*, de Béhanzin*, les fils d'El Hadj Omar* et ceux de la reine Pokou* plus ceux de Nia Ngolo* et de Barama Ngolo* commencèrent à tomber là, pour mourir avec bien d'autres. Ils tombèrent, le corps mis en charpie par les balles, le corps traversé, percé, troué, criblé, trépané même, pour que la mort pressée d'aller voir ailleurs fasse plus vite son office. Les nègres de la deuxième vague tombaient, pour dormir là, sur cette terre, à tout jamais, dans des ronces de fer barbelé, à côté de leurs frères blancs.

Tierno courait toujours, haletant dans l'odeur soufrée. Il était sorti le premier et avait été invisible pour les balles sans doute. Il avait tout oublié, empaqueté qu'il était dans les deux courroies de ses musettes à grenades qui lui brûlaient les épaules. Lui, l'homme du Fouta, était devenu un buffle et un lion... un éléphant même, peut-être ! Trois nègres sur cinq étaient tombés dans les cinquante premiers mètres de course. Morts. Ceux qui restaient se jetèrent dans la tranchée allemande comme des mouches à feu, folles et saoules... Les nègres avaient la raison pimentée par le bruit et la fureur de la guerre qu'ils avaient tant attendue et ce fut corps noir contre corps blanc, machette contre poignard et baïonnette, machette contre la flamme courte des Mausers allemands. Les hommes du *Kronprinz*[1] furent hachés à leur tour et mieux saignés que des phacochères !

Tierno n'était plus un homme : il n'était qu'un soldat, qu'un tirailleur, qu'un poilu, qu'un maître de la machette, hurlant tant de peur et de folie par tout son corps que son bras armé fit un carnage.

Legall était sauf, il donnait de nouveaux ordres pour une pause. L'adjudant-chef Sauffroy roula près de Tierno et l'examina comme s'il était un diable sorti de l'enfer du ciel pour être venu là, dans l'enfer de Verdun chercher un meilleur feu, ou la vraie recette de l'horreur pure et nue.

Des poilus blancs arrivèrent juste derrière le 36e bataillon des tirailleurs. Tous avaient la baïonnette au bout de leur Lebel. Les sifflements du fer n'avaient pas cessé. Un homme tomba dans la tranchée, près de Tierno. Il saignait un peu du front, mais c'est sa cuisse qui avait tout pris. Elle était en marmelade, irréparable certainement, la jambe ne tenait plus. La chair en bouillie était mêlée au tissu de son uniforme.

---

1. *Kronprinz* : Prince héritier. Il s'agit de Frédéric Guillaume, fils de Guillaume II, roi de Prusse et empereur d'Allemagne.

– J'ma fait poiré pour de bon... y'a d'l'abus.

Tierno l'installa du mieux possible, allongé, il lui retira son casque.

– J'vas crever si les brancardiers radinent pas assez vite pour me sortir d'là !

Tierno prit les pansements que l'homme blanc avait mis dans ses épaulettes et fit ce qu'il pouvait : il lui banda le front. Il lui donna un peu à boire, lui-même but la moitié de son bidon.

– T'es qui, toi, tirailleur ?

– Tierno.

– Tierno, bizarre. Merci quand même.

– ?

L'homme souffrait, il grimaçait, mais il voulait parler et ne pas s'arrêter de parler. C'était comme s'il savait que la mort ne pourrait pas se glisser en douce dans son corps, tant qu'il parlerait.

– Y'a pas... c'est pas juste. J'voulais juste une p'tite blessure qui t'offre la croix de guerre, plus deux mois d'hosto. Tu vois c'que j'veux dire, une bonne petite blessure des familles qui t'envoie ensuite trois mois à l'arrière en convalo.

Il se tut. C'était trop dur pour lui de continuer.

Tierno fit comme les autres. Il s'assit au fond de la tranchée pour se reposer. Il se roula une cigarette. C'était la troisième ou quatrième fois seulement qu'il fumait et il avait beau s'appliquer, il ne réussissait pas à se les rouler aussi bien que l'adjudant-chef Sauffroy, qui avait plusieurs générations de fumeurs derrière lui. Quand la fumée lui emplit les poumons, il ferma les yeux un instant. Il tenta de se retrouver seul avec lui-même, de faire venir à lui l'image de Néné Gallé sous le fromager, mais il n'y parvint pas. Il souffla la fumée et regarda son blessé. Lui aussi avait les yeux fermés, mais des larmes coulaient sur ses joues. Tierno comprit alors que pour les Blancs aussi, rien ni personne ne peut empêcher les larmes de couler. Le blessé murmura :

– Ça s'rait pas été beau ça, une p'tite blessure des familles ?

Un quart d'heure plus tard aucun brancardier n'avait montré le bout de ses brodequins. Legall gueula aux tirailleurs de sa compagnie :

– On remet ça, on s'démielle les camarades, on fonce.

Tierno roula avec application une autre cigarette qu'il alluma et qu'il glissa dans la bouche du blessé. Il demanda :

– Toi c'est quoi ton nom ?

– Yffic...

Il ajouta avec un petit sourire forcé :

– Si un jour tu viens te perdre à Daoulas, en Bretagne, tu demandes Yffic. On t'indiquera.

Tierno repartit, bon dernier, mais il rattrapa vite les autres et fonça avec eux, dans les champs glaiseux. Il allait à perdre haleine, malgré les ornières et les barbelés aussi dangereux que des dents de crocodiles.

Le bataillon avait laissé sur le champ de bataille un peu plus d'un quart de ses hommes. La journée avait été terrible et ce soir-là, dans la tranchée où ils étaient bien en place, toujours plus ou moins nez à nez avec l'ennemi, chacun répétait le nom d'un frère disparu. Il y avait Abdou... mort pour la France, Titinga... mort pour la France, Lamine... mort pour la France, Mahamane... mort pour la France, Ibrahima... mort pour la France, Ousmane... mort pour la France, Abdoulaye... mort pour la France, Sanodji... mort pour la France. D'autres, beaucoup d'autres encore et aucun griot n'était là, pour les chanter, dans le tamtam parleur des obus qui continuaient à exploser.

Tierno et Aboubacar étaient sains et saufs, leur chef de section l'adjudant-chef Sauffroy aussi, ainsi que le capitaine Legall et le commandant Gaudry. Tierno avait surpris une drôle de phrase dans la bouche de Legall, quelque chose du genre : « Le major Gaudry, on pourra désormais l'appeler "trop tard à la soupe", vu qu'il est arrivé en retard dans la tranchée, quand les Boches étaient déjà quasiment froids ! »

Ils restèrent face à l'ennemi huit jours et huit nuits, ravitaillés par les corbeaux... Ils seraient morts de soif si la relève n'était pas enfin arrivée, précédée par l'artillerie qui marmitait dur avec ses obus de deux cent vingt et de trois cent vingt, plus un canon de cent cinquante-cinq qui aurait pu à lui seul et d'un seul coup anéantir dix troupeaux d'éléphants. Le feu obligeait les vivants et les morts d'en face à s'enfouir dans la même terre, pour tenter de vivre leur vie ou leur mort sans être démembrés.

Quand l'ordre leur fut donné de céder la place aux poilus qui s'étaient reposés quelques jours loin des premières lignes, les tirailleurs n'éprouvèrent ni soulagement, ni joie, ni rien du tout. Ils n'étaient plus les mêmes. Ils étaient étonnés d'être vivants, d'avoir été choisis par le génie de la terre grasse pour continuer leur vie. Tierno, comme les autres, n'était plus tout à fait le même. Dans son Afrique, un enfant devient plus vieux que son père quand son père meurt. Lui le caporal, il était devenu d'un coup plus vieux que le plus vieux des tirailleurs morts. Il avait pris dix ans de plus en huit jours, douze peut-être.

Quand les nègres purent sortir des boyaux pour marcher au grand air sans trop de risques, la terre sous leur pied agonisait. Sur elle, comme pour rire d'elle, il y avait partout des déchets... des fusils abandonnés, des lambeaux de vêtements, des seaux de toile et des ferrailles tordues entre lesquelles patientaient des cadavres bleuis, des cadavres oubliés qui n'avaient pas été ramassés. Ils avaient l'air aussi ridicules que des mannequins abandonnés dans des poses qui avaient peut-être été exquises, mais qui n'étaient plus à la mode !

C'est entre chien et loup qu'ils arrivèrent à la ferme Leleu, en bordure du village. Il y avait là deux granges, vides, ouvertes aux deux bouts, à tous les vents. Avant toute chose, ils durent tendre des toiles de tente, pour se protéger un peu mieux et éviter que le vent vînt trop les agacer. Ils se lavèrent à grande eau dans des baquets formés d'anciens tonneaux coupés en deux. Ils avaient un peu froid, mais ils se mirent nus, là, pour tenter de faire l'eau mouiller tout leur corps, ils voulaient qu'elle efface à elle seule le cauchemar gravé à tout jamais dans leur mémoire. Aboubacar avec son escouade était près de Tierno. Il se taisait. Il était nu et, comme un automate, il continuait à se frotter alors que les autres étaient déjà rhabillés.

– Ça suffit mon frère. Tu peux te laver jusqu'à la fin de la guerre, tu ne deviendras pas blanc, quand même !

– Tierno, je ne veux pas... jamais devenir blanc. La guerre je la connais comme toi et c'est l'homme blanc qui a inventé la guerre comme ça.

– Oui... les Blancs sont forts ! Ils font une guerre qui dépasse la tête !

– Les Blancs... Allemands ou Français, ils sont comme nous autres, sauf qu'ils sont blancs. Ils ont peur et...

Il ne continua pas sa phrase. Il se rhabilla doucement, tout doucement, on pouvait croire qu'il avait décidé à présent et pour toujours d'économiser ses gestes.

Ce soir-là, quand les hommes de corvée revinrent avec la tambouille, ce fut la fête. Pas parce qu'ils avaient eu deux seaux de vin, mais parce que le riz ne manquait pas, un bon riz que l'on pouvait manger avec la main et croire que l'on était là-bas, quelque part dans le Mandingue, ou dans le Fouta, ou dans le Cayor, ou dans le royaume d'Abomey...

– Nous sommes gâtés, ça change de la soupe et du rata des Blancs !

Cette nuit-là, ils dormirent mal, bien qu'harassés, pour être restés trop longtemps au bout d'eux-mêmes. Ils dormirent pourtant, les uns contre les autres, pour garder un maximum de chaleur bien sûr, mais aussi pour se rassurer, être certains que d'autres vivants étaient là. Chacun avait besoin des autres vivants, c'était comme s'ils avaient peur que tous les morts arrivent et demandent des comptes, veuillent savoir pourquoi eux et pas les autres... Pourquoi ? Pourquoi ? Pourquoi ?

Tous en étaient persuadés, même s'ils ne le disaient pas : les morts, tous les morts avaient beaucoup de questions à poser.

Au matin, Aboubacar réveilla Tierno en le secouant.

– Tu as entendu ?

– Entendu quoi ?

– Une poule-mâle !

C'était vrai, un coq avait chanté. Ils se levèrent et découvrirent alors quelques bâtiments de ferme qui avaient à peine été égratignés par la guerre. La veille, trop épuisés dans la fin du jour, ils n'avaient pas vraiment vu où ils mettaient les pieds, où on les parquait pour dormir.

Une corvée partit au jus. La roulotte des cuistots était un peu loin, dans le village.

Tierno et Aboubacar s'assirent sur le sol, l'un près de l'autre, appuyés à une margelle. Le ciel s'était barbouillé d'un petit bleu craintif. Le soleil faisait des efforts, il voulait peut-être dans le même élan assécher les larmes de la terre et les larmes des hommes.

Avant de boire son jus bien chaud, Aboubacar commença :

– Tierno, un jour tu marieras Néné Gallé.

– Oui, si la mort me laisse le temps.

– Justement...

– Quoi ?

– Tierno, si je suis mort demain...

– Pas demain, demain on sera ici, tranquilles encore pour retrouver des forces.

– Tierno, si je suis mort demain ou un autre jour dans la guerre, tu iras là-bas chez mon père et tu marieras Khadi. C'est elle qui m'attend pour être ma première épouse. J'ai écrit à mon père qui est le roi, tu le sais, et j'ai écrit à N'na Fanta aussi pour lui dire qu'Aboubacar son seul fils fait la guerre avec un vrai frère. Mon père te connaît, ma mère te connaît, Khadi te connaît.

– Aboubacar, je le ferai. Oui, je le ferai et toi, tu épouseras Néné Gallé si je suis tué. Tu le feras, les Soussou et les Peulhs et les autres sont morts ensemble, dans la guerre des

Blancs, c'est une nouvelle coutume ça. Si un Soussou et un Peulh s'offrent une épouse ce sera encore une nouvelle coutume, c'est tout.

Ils se prirent la main, comme des jumeaux, et c'est vrai qu'ils étaient des jumeaux à ce moment-là : ils étaient un Peulh et un Soussou nés ensemble du même ventre de la guerre.

Ils firent leur prière l'un près de l'autre et c'est seulement après qu'ils avalèrent, brûlant, le café amené par Amadou Konaté dans un grand bidon. Il les servit dans leur quart de fer blanc.

CHAPITRE 5

JE T'ÉCRIS DES MOTS ET DES MORTS

D'effort en effort, le soleil commençait à se faire un peu remarquer. Les poilus aguerris depuis la fin de l'année quatorze le disaient jaloux des fusées éclairantes qui, la nuit, illuminaient comme en plein jour ; jaloux du feu de la guerre qui inventait des fièvres épouvantables ; jaloux enfin de toutes les fureurs de l'enfer qui, le vingt et un février au petit matin, avaient surchauffé le monde plus que n'importe quel plein été.

À présent, à la frontière de la cour de ferme où le bataillon de tirailleurs se reposait en attendant d'être recomposé, avril offrait quelques jonquilles, fleuries là et ignorantes de la guerre.

Tierno était sans cesse félicité pour ses exploits, pour avoir été un exemple, pour s'être battu sans peur... Tous les aimables mots des chefs blancs et toutes leurs promesses auraient dû être des caresses pour son cœur. Mais, dans la tête de Tierno, de nombreuses paroles revenaient, des paroles qu'il marmonnait pour lui, sans presque desserrer les dents : quiconque commet un péché ne l'a commis que contre lui-même*. Allah le sait : il est sage. Il avait tué des

Boches certes, ils étaient des Blancs infidèles, mais il avait tué, oui, tué des hommes. Lui qui était tombé dans cette guerre malgré lui, ne pouvait s'empêcher de penser qu'il avait péché, avec fureur même !

Il était un tirailleur appliqué, obéissant, saluant le drapeau qu'il trouvait beau, avec ses trois couleurs. Mais là, au repos, il n'était plus un soldat, il n'était qu'un garçon devenu un homme. Il était comme s'il venait de naître, avec sa peau nue du Fouta : il était comme un bébé avec un âge d'homme.

Il sortit de la poche de sa vareuse les trois lettres qu'il n'aurait pas à lire à ceux auxquels elles étaient adressées, puisque les morts ne savent plus rien entendre. Et Moussa, et Abdou, et Djibril étaient morts. Plus que morts même, puisqu'ils n'auraient jamais de sépulture là-bas, où les attendaient leurs ancêtres. Il déchira les lettres une par une, en tout petits morceaux qu'il laissa s'envoler dans le vent. Il répéta tout haut, jusqu'à ce que le dernier petit carré de papier se soit envolé : « Assurément l'au-delà est meilleur pour toi que ta première vie* Moussa ; assurément l'au-delà est meilleur pour toi que ta première vie Abdou ; assurément l'au-delà est meilleur pour toi que ta première vie Djibril ; assurément... »

Il passa dans la grange et rejoignit son commandant de compagnie, le capitaine Julien Legall, qui s'y était installé aussi, et qui se servait d'une grande caisse comme d'une table : il écrivait. Tierno était démuni, il lui demanda de quoi écrire :

– Tu as une fiancée à qui tu veux envoyer des mots doux ?

– Je veux écrire à mon vieux, c'est à lui que je dois parler le premier. Il ne sait rien de moi depuis le camp Gallieni. De là-bas, je lui avais adressé une carte postale.

– Assieds-toi Tierno, ou mets-toi à genoux... installe-toi et écris. Moi j'ai fini. C'est à celle que j'aime que j'envoie une lettre... peut-être pour savoir si elle, elle m'aime !

– Et à votre père, vous lui avez écrit aussi ?

– Oui... Oui, je lui ai écrit mais c'est pas si facile.

– Il ne sait pas lire ?

– Oh que si ! Il est ingénieur, oui ingénieur. Pendant que nous nous battons, il construit le métro à Paris. Il sait bien lire, mais c'est sans doute moi qui ne sais pas bien lui écrire.

Tierno regardait son capitaine sans comprendre. Legall continua, tout autant pour Tierno que pour lui-même sans doute.

– Il voulait que je sois ingénieur moi aussi, il rêvait que je construise en plein air, jusqu'au ciel comme M. Eiffel ou alors, en suivant son exemple, sous terre ; que je réalise moi aussi une sorte de terrier moderne pour aller jusqu'au pays des Merveilles. Mais ça n'a pas marché, j'ai fait ma mauvaise tête et je suis devenu militaire. C'était ma vocation... seulement, les vocations, faut s'en méfier, surtout quand le ciel écrabouille les hommes de tous bords dans les tranchées.

– Je vais lui écrire moi, à mon père. Au village on lui lira la lettre.

– Oui, écris, Tierno. La guerre a ça de bien au moins, qu'elle oblige les fils qui ont grandi à se confier de nouveau à leur père et à leur mère...

Il arrêta de parler, comme pour mieux formuler la fin de sa phrase. Après un instant il ajouta :

– Dommage que la guerre fasse mourir les fils avant les pères. Ça ne va pas ça, c'est du désordre.

Tierno n'ajouta rien. Il était heureux de pouvoir se servir d'une plume, de la tremper dans la petite bouteille d'encre bleue. Il commença.

Le 5 avril 1916, devant Verdun.

Pour Sékhouba Diallo, à Mamou.

Ba, que la paix d'Allah le miséricordieux soit sur vous.

Moi, votre fils je vous écris de la guerre qui est trop difficile à raconter pour que je vous dise tout. Mais apprenez tout d'abord que je vais bien. Je me suis battu avec mes frères de guerre et plusieurs sont morts devant les Allemands. Moi, je suis sain et sauf. Les autres qui m'ont vu disent de moi que je suis invisible pour les balles et pour les obus. Quand je reviendrai à Mamou, je vous dirai tout des obus qui explosent et qui tuent et je vous dirai tout des fusées éclairantes qui savent faire le jour quand c'est la nuit.

Vraiment, je suis là pour me battre, mais je ne sais pas pourquoi les Blancs ici se font la guerre. Mais je sais ce que je vois et la guerre est plus forte que tous les animaux de la brousse, plus méchante aussi. Après l'attaque, la terre saigne et le sang de la terre se mélange à celui des hommes... au sang des hommes noirs ou des hommes blancs. Je vous écris des mots et des morts parce que mes yeux ont vu des morts ici, plus qu'il y a de têtes de bétail dans tout le Fouta.

On fait la guerre en courant, avec le fusil, avec la machette et avec la baïonnette, mais on la fait surtout dans des tranchées, un peu sous terre et là les soldats ont creusé des cases dans la terre mouillée. Ba, j'ai marché sur des hommes morts en courant contre l'ennemi allemand, mais j'ai aussi marché sur des corps morts dans la tranchée. Et puis, ici, dans le champ de bataille, il y a les morts qui se montrent après leur mort. Ils sortent du fond de la terre où ils ont été déposés. J'ai vu des mains boches ou françaises et des pieds boches ou français revivre, sortir des bords de la tranchée que nous avions gagnée et dans laquelle nous nous reposions.

Le bruit de la guerre, l'odeur de la guerre, et les morts coupés, les morts sans tête, les morts écrasés, les morts brûlés, qui à chaque attaque sont plus nombreux que tous les vivants de Mamou... je ne sais pas les raconter. Les Blancs dans leur école m'ont appris à écrire avec leurs lettres et je sais écrire comme un Blanc, même mieux que beaucoup de Blancs je crois. Mais je ne sais pas écrire toute la guerre.

Je demande chaque jour à Allah le pardonneur, le miséricordieux de me pardonner et de pardonner à chaque homme qui fait la guerre. J'ai vu des Blancs pleurer, des Blancs qui ne voulaient plus faire la guerre, des Blancs qui ne savaient plus qui ils étaient. Avant de la faire cette guerre, je ne savais pas qu'un Blanc pouvait pleurer comme un enfant! Personne au Fouta ne sait qu'un Blanc peut pleurer comme un enfant !

Les Blancs ne sont pas plus forts que les larmes.

À la guerre plus qu'au village, pour être soi-même, il faut lutter avec soi-même et pour cela j'implore le secours d'Allah. Je veux ici garder en moi la sagesse avec laquelle je suis parti du Fouta. L'école des Blancs ne m'avait pas fait sortir de ma tradition, je ne veux pas que la guerre me la fasse oublier.

J'ai appris le Coran en moins de sept ans sept mois et sept jours. Je ne veux pas que la guerre qui tue les hommes dure plus que sept ans sept mois et sept jours, sinon il n'y aura plus assez d'hommes au monde je crois.

Ba, si un homme qui a fait la guerre rentre au Fouta, blessé, et raconte les obus qui tombent plus que des mangues mûres en pleine saison, s'il raconte les hommes cassés en deux par les balles, s'il raconte les Noirs et les Blancs enfumés par le gaz qui rend aveugle et fait mourir même les chevaux, il faudra le croire.

J'espère que cette lettre vous trouvera en bonne santé, là-bas, à Mamou. J'espère aussi que Mody Oury est en bonne santé et aussi Kadiatou. Ba, quand quelqu'un pourra écrire votre parole vous m'écrirez pour me dire les nouvelles et bien sûr les nouvelles de votre fille Néné Gallé que j'épouserai après la guerre.

En France, le soleil ne sait pas donner de la chaleur comme chez nous, mais aujourd'hui, il nous réchauffe un peu quand même, et on en est heureux. J'ajoute que depuis quelques semaines nous avons du riz une fois par jour, ce qui est bon pour le ventre et pour les nerfs.

Ba, votre fils qui fait la guerre vous salue et souhaite que la paix de Dieu vous accompagne longtemps encore.

Tierno

Tierno s'était tellement concentré, tellement appliqué qu'il était tout à fait ailleurs dans sa tête. Mamou et la concession de son père et les troupeaux de bœufs et Néné Gallé étaient là sous ses yeux ; oui, il avait écrit, mais c'était comme s'il racontait une histoire un soir, dans la cour, alors que le feu faisait naître des ombres douces. Deux fois il avait interrompu sa lettre pour rêver. À son père tout d'abord... son père qui parlait si peu, mais qui avait multiplié les vaches et les chèvres et qui était respecté de tous. Et puis, il avait aussi rêvé à Néné Gallé et il avait souri en pensant à ses seins qui, il le savait, étaient les obus du Fouta !

– Caporal Tierno Diallo.

Il se retourna brusquement et, surprise : derrière lui, ses camarades tirailleurs étaient groupés autour du capitaine Legall, avec le commandant Gaudry et l'adjudant-chef Sauffroy. Il se mit debout. Il avait sa lettre à la main. Il y eut sans doute un signal, mais Tierno ne l'entendit pas. D'un seul coup, un orchestre se déchaîna et tous les tirailleurs se mirent à jouer de la gamelle, du quart et du bidon, en tapant des pieds en rythme, aussi bien qu'un pilon dans un mortier. Ceux qui n'avaient pas d'instrument de musique dansèrent, là dans la cour de ferme, sous le ciel d'avril. Derrière eux, une femme sortie d'un bâtiment regardait le spectacle.

Quand l'orchestre se calma et que les danseurs regagnèrent le groupe, le capitaine Legall s'avança vers Tierno et sans cérémonie lui déclara :

– Sergent Tierno Diallo, félicitations. Vous avez gagné au feu un nouveau galon.

Sergent ! Il était sergent à présent et commanderait non plus une équipe mais un groupe ! La première chose à laquelle il pensa fut : « Il faut que j'ouvre mon enveloppe et que j'écrive cette nouvelle à mon vieux ! »

Pour fêter sa promotion, plusieurs tirailleurs burent un bon jus bien chaud. Le café venait peut-être de leur Afrique... d'autres goûtèrent à la bouteille de pinard amenée par le capitaine Legall.

– C'est du bon, c'est une bouteille de derrière les fagots ça ! apprécia l'adjudant-chef Sauffroy.

– Oui, et c'est de l'avant-guerre...

Ce matin-là, il y eut un moment presque heureux, un moment de partage. Les hommes avaient envie d'être complètement ensemble tout à coup, de se serrer même, comme si en s'aimant un peu plus ils auraient pu se défaire de leur trop grande fatigue, et de l'odeur de la mort. Quand ils se dispersèrent, Tierno remarqua le linge que la femme avait mis à sécher. Ce simple linge l'émut aux larmes. Il pensa plus fort encore à Néné Gallé et au linge qui se frottait contre son corps, qui la caressait toute la journée.

– Tierno, regarde ça.

Aboubacar avait quatre œufs de poule dans les mains.

– C'est pour ne pas les casser que je n'ai pas dansé, moi !

– Qui t'a donné ça ?

– Je les ai trouvés.

– Il faut les donner, à eux, là-bas.

Tierno désignait le bâtiment principal de la ferme.

– Vraiment ?

Aboubacar alla et donna, mais la femme qui avait vu et entendu l'orchestre, celle qui avait fait sécher son linge ne voulut pas prendre ses œufs. Elle en fit cadeau à Aboubacar qui, une fois de plus, pensa que les Blancs n'étaient pas faciles à comprendre.

Ils étaient là depuis trois jours, à deux pas de la guerre. Le bataillon avait pansé ses plaies et les hommes s'étaient reposés. Ils attendaient pour remonter en ligne. Ils ne savaient pas quand ils retourneraient au feu, mais ils étaient tous un peu fébriles.

Le soleil de midi avait sorti ses rayons comme pour la parade ! Tierno en profita. Il se remplit un demi-tonneau d'eau et il se déshabilla. Il voulait tremper tout son corps, plus même... il avait acheté à un poilu blanc un petit flacon d'eau de Cologne et il voulait s'en passer un peu partout sur le corps. Pourtant, ici l'odeur de la mort ne lui collait pas à la peau, même si elle restait dans sa mémoire.

Il se déshabilla dans son coin et en caleçon se mit dans l'eau. Il avait posé près de lui son gri-gri, la bande de tissu, le brassard bleu-noir qui ne le quittait jamais. Le savon moussait et lui piquait un peu les yeux.

– Diallo, c'est quoi ça ?

Le commandant Gaudry était arrivé par surprise, comme d'habitude. Lui, il disait toujours Diallo et non Tierno. C'est vrai qu'il était différent des autres gradés. Il répétait que la couleur était infranchissable entre un Blanc et un Noir. Il disait aux nègres du bataillon : « Nous ne sommes pas faits de la même farine ! »

– Ça là ?

– Oui, ça.

– C'est... c'est à moi, pour mon bras.

– Tu es blessé ou quoi ?

– Non.

Il s'avança et prit le brassard.

– C'est inutile... et je n'aime pas ces singularités avec lesquelles on peut faire des signes à l'ennemi, sergent.

– Mais...

Tierno ne put en dire plus, le commandant s'éloigna, emportant le gri-gri du Fouta, le gri-gri sur lequel Mody

Oury avait fait de multiples prières, pour son petit frère. Tierno resta debout dans son baquet d'eau, incapable de bouger. Il était trop nu pour courir après le major.

La journée passa.

Le soir, Tierno demanda à Aboubacar :

– Ta corne d'antilope naine, tu l'as toujours ?

– Oui, toujours. C'est elle qui m'a protégé des Allemands.

Tierno ne fit aucun commentaire.

– Sar'zent, à la soupe.

Avec Aboubacar, il rejoignit les autres. Il mangea sa soupe et sa petite boule de pain au son. Il n'avait pas beaucoup d'appétit. Il se força. Ce soir-là, il s'éloigna pour prier, non parce qu'il voulait être absolument seul, mais parce qu'il craignait que le major ne vînt lui voler sa peau de chèvre bien tannée, sa peau du Fouta.

Le croissant de lune avait été si fin toute la nuit dans le ciel qu'il avait ressemblé à une lame bien aiguisée, une lame pour tuer. C'était sans doute un présage, parce qu'en milieu de matinée, le colonel Turpin, officier d'état-major, père de tout le bataillon, débarqua avec deux officiers. Quelques minutes plus tard, tout son bataillon noir était devant lui, bien aligné.

Les officiers et sous-officiers blancs du 36e bataillon de tirailleurs Sénégalais étaient aussi au garde-à-vous. Quand le colonel commença sa harangue, les hommes, s'ils avaient levé les yeux au ciel, auraient pu voir les nuages arriver en bon ordre, pour reprendre place dans les plaines célestes, cela encore était certainement un signe.

– ... Soldats d'Afrique vous vous êtes montrés au combat d'un très grand courage. Vous êtes tous les dignes fils de vos pères qui construisent la France là-bas dans les colonies. Ce soir vous remonterez en ligne pour tuer les Boches afin que la France entière retrouve pour ses enfants ses vraies frontières.

Le roi de la France éternelle compte sur vous. Sur vous tous.

Il gonfla sa poitrine, regarda l'horizon et ajouta :

– *Dulce et decorum est pro patria mori*[1].

Le capitaine Julien Legall murmura pour lui même : « De mieux en mieux ! »

Il y eut un moment de flottement. Peut-être parce que les hommes avaient compris que ce soir, beaucoup d'entre eux avaient un rendez-vous de prévu avec la mort. La guerre n'était pas devenue moins cruelle depuis qu'ils avaient quitté les premières lignes. Ils avaient entendu la veille un soldat blanc crier à d'autres Blancs qui regagnaient les tranchées : « N'y allez pas ! »

1. *Dulce et decorum est pro patria mori* : Il est doux et beau de mourir pour la patrie.

Même ceux qui n'avaient pas peur savaient qu'ils allaient repartir là-bas avec des gestes un peu usés par les combats qu'ils avaient déjà gagnés.

C'était le silence. Aucun officier n'avait donné l'ordre de rompre les rangs et le colonel Turpin était toujours face à sa force noire. Enfin, il reprit la parole.

– Tirailleurs, la France qui aime la bravoure a décidé de récompenser deux braves, deux courageux, deux lions d'Afrique. Le grand chef des armées m'a demandé à moi, votre colonel, de remettre une très grande décoration à deux d'entre vous. Je vais les appeler et je vais leur accrocher, moi-même, sur la poitrine, une médaille... oui, une médaille : la croix de guerre.

C'était une surprise. Une médaille ? Mais, une médaille pour qui ?

Le commandant qui avait décidé de rester théâtral jusqu'au bout, reprit :

– Que sorte des rangs le tirailleur Kory Ndiaye...

Aucun des tirailleurs ne fit un pas en avant ! Après un instant le colonel répéta sa demande. Le premier à bouger fut le capitaine Legall, qui alla lui-même chercher Kory Ndiaye. Il le sortit des rangs, presque de force. Le pauvre Ndiaye avait bien entendu son nom mais n'avait pas compris. Le colonel appela ensuite Tierno Diallo. Tierno fut bien étonné. Il avait été nommé sergent la veille, c'était déjà beaucoup ! Il s'avança.

Kory et Tierno reçurent leur médaille. Le colonel les félicita et leur demanda de continuer à être des exemples. Avant de se retirer, il promit :

– D'autres médailles seront données... bientôt. J'espère que chaque soldat reviendra glorieux pour en recevoir une.

Dès que les hommes purent se disperser, Aboubacar serra Tierno dans ses bras et il lui dit :

– Mon frère tu as la part que tu as méritée.

– Aboubacar, toi aussi tu auras ta part, tu le sais Allah est prompt dans ses comptes.

Près de Tierno, Kory attendait, un peu gauche. Sa médaille semblait peser lourd sur sa poitrine. Tierno lui dit :

– Kory, il faut ici aussi, comme chez nous en Afrique, que les chefs aient près d'eux des hommes de grand savoir. Toi tu as été désigné. Tu sais tout ce que tes ancêtres ont fait avant toi et pourquoi ils l'ont fait. C'est beaucoup.

À présent les nuages occupaient tout l'espace du ciel. Les hommes, seuls avec eux-mêmes, pouvaient commencer à se préparer.

CHAPITRE 6

LA TERRE CADAVÉREUSE

Ils avaient marché et marché. Marché sur des routes crevées qu'il fallait deviner dans toutes les blessures du sol. Avant de commencer leur progression dans les tranchées, ils avaient marché encore, dans un espace complètement effacé. Puis ils firent un peu plus de trois kilomètres dans des boyaux larges d'un mètre et presque toujours profonds de deux. De temps en temps, quand ils apercevaient les alentours, ils n'avaient rien à voir. L'espace était désolé, vide. De nombreuses batailles avaient rasé les arbres et même les collines. Le monde était lisse, sauf que la plaine avait des creux et des bosses, résultats des coups et blessures d'obus. Les bosses s'étaient un peu tassées, comme pour se faire moins remarquer. Les creux, eux, gardaient toujours un fond d'eau croupie.

Il n'était pas encore midi quand ils firent halte pour attendre. Les hommes ne pensèrent qu'à se reposer et, allongés au fond de la tranchée, plusieurs s'endormirent. Quelques-uns s'affalèrent le ventre contre la paroi de terre et fermèrent les yeux.

Quand l'artillerie commença à donner, les hommes ne

bougèrent pas. La terre les avait un peu aspirés, elle les tenait depuis le début de leur sommeil comme une ventouse vampire qui suçait leurs rêves. Le miaulement des soixante-quinze, les gros soupirs de buffle des cent vingt et tous les autres chants métalliques qui zébraient l'air ne réussissaient pas plus à percer leurs tympans qu'à tarauder leur cœur. Ils étaient déjà des vieux habitués de ces fracas du fer contre le fer, du fer contre l'air et la terre et les hommes !

Et puis, ils savaient bien que tout devait exploser autour d'eux comme la dernière fois. En arrivant, ils étaient passés près de l'ombre obscène des canons, alors ils savaient... ils avaient tout deviné et la mort tapie devant eux n'avait rien à leur apprendre.

Legall avait un sourire triste aux lèvres. Il regardait les ronfleurs de sa compagnie, sans envie de leur pincer le nez ! Il savait que l'attaque ne tarderait pas, mais en attendant, qu'ils dorment et les minutes pouvaient bien passer et être gobées par leurs bouches ouvertes. Legall savait qu'ils allaient tomber, que beaucoup n'atteindraient même pas la toile d'araignée de barbelés que les Allemands avaient tissée devant eux, pour leur défense. Verdun c'était l'enfer, ni plus ni moins, et lui et ses tirailleurs étaient revenus en enfer.

Un peu de temps passa.

Les hommes furent appelés. Pas un, même bien réveillé, ne leva la tête vers le ciel pour savoir s'il était vide ou nuageux. Peu importait. Le temps présent n'avait pas d'avenir.

Il était quatorze heures à la montre de Demba, le Toucouleur, quand une fusée signal fit cesser le feu de l'artillerie française. Legall vit que ce n'était pas assez, qu'au loin, devant eux, les dix mètres de barbelés étaient toujours là... Une autre fusée les poussa à l'attaque. Il fallait y aller, foncer coûte que coûte !

Au-dessus de leurs têtes, le jour jouait les innocents.

Aboubacar était d'un côté, Tierno de l'autre. Ils ne se voyaient pas. Les officiers allaient attaquer eux aussi. Legall tenait un revolver au poing, un autre officier, comme les hommes, avait la baïonnette au canon.

– À l'assaut ! Pour la France !

L'adjudant-chef Sauffroy se donna du courage en entonnant pour sa section *La Marseillaise*. Pourtant, il savait sans doute que « le jour de gloire » ne pouvait pas arriver aujourd'hui !

Les hommes, très concentrés, se mirent à courir. Certains, puisqu'ils avaient survécu aux précédents assauts, se croyaient invisibles. Peut-être est-ce cette illusion qui leur donnait du cœur au ventre... Toujours est-il qu'ils couraient comme si rien ni personne, ni Dieu, ni Diable, ne devait les arrêter. La force noire, une fois de plus, se signalait par sa bravoure. Elle venait de surgir de la tranchée pour aller provoquer la mort elle-même !

Des hommes tombèrent. On aurait dit que les balles allemandes crachées par les Mausers avaient le pouvoir de zigzaguer pour aller précisément choisir cet homme et celui-ci et celui-là... la mort avait de l'appétit.

Les hommes mi-lion, mi-léopard, mi-panthère, tombaient.

Les nègres tout neufs tombaient.

Les soldats venus de toutes les brousses tombaient.

Tierno, cette fois encore, n'avait plus sa tête. Il s'était transformé en un animal vindicatif, plus dangereux qu'une mère qui attaque pour protéger ses petits. Il se jetait en avant, comme si la colère de sa jeunesse pouvait le rendre aussi invincible que djinamoussa*. Il fut arrêté par les barbelés dont les épines arrachaient les chairs de ceux qui voulaient aller encore plus loin. Il tomba, mis à terre par les griffures. Avec ceux qui s'étaient affalés près de lui, il jeta ses grenades, pour tuer un peu plus et ainsi se protéger. La seconde fois qu'il leva le bras pour lancer sa dernière mangue explosive, une balle lui traversa la main. Elle l'avait vue et l'avait piquée comme un reptile. Rien, juste un trou et du sang qui semblait ne pas savoir de quel côté couler ! Du bout des doigts de son autre main, la gauche, il sortit un pansement de sa poche et il se banda, s'aidant de ses dents pour serrer plus fort. Il pensa : « C'est mon poignet avec le bracelet de cuir et le cauri qui aura été visé. » Heureusement, son cauri avait été épargné.

Pendant une longue minute il n'entendit plus, c'était comme si un voile de silence l'avait isolé de la bataille. Et puis, alors qu'il restait allongé là sur le dos, dans les barbelés, il commença à réentendre. Aux bruits habituels, lointains, de l'artillerie et au bruit des balles sifflantes larguées par les shrapnells[1] qui explosaient, s'ajoutaient des cris, des pleurs, des plaintes. Des hommes mouraient pas loin, certains avaient encore la force d'appeler. Tierno resta yeux fermés, dans une demi-vie, immobile. Il ne sentait aucune douleur. Il n'avait ni chaud, ni froid, ni soif, ni faim. Sa main semblait ne plus saigner et elle ne lui faisait pas trop mal. Les barbelés le tenaient prisonnier. S'il appelait, s'il risquait un geste, il serait visé et mourrait là. Il pensa à son gri-gri, volé par Gaudry.

Le soir mit beaucoup de temps à s'installer. Plus vite que lui, la soif fut là. Enfin, le soleil abdiqua complètement et les mouches qui avaient dansé sur les plaies vives des hommes cessèrent leurs zézaiements. Tierno attendit encore. La nuit venait d'arriver, elle n'avait pas ouvert toutes ses cachettes.

Plus loin, la bataille continuait, on se battait. La rage guerrière était à quatre ou cinq cents mètres.

Quand il se décida à remuer, il avait le corps ankylosé et dans sa main blessée il sentait son cœur battre. Tout d'abord, il ne fit des efforts qu'avec ses pieds et ses jambes. C'est millimètre par millimètre qu'il arracha ses bandes molletières des barbelés. Lorsqu'il se sentit libre en bas, il

---

1. Shrapnell : Obus chargé de balles.

replia les jambes, doucement. Après, il lui fut plus facile de délivrer ses bras. Quand ce fut fait, il prit son bidon et se désoiffa. Au même moment, là, alors qu'il buvait, les obus revinrent vers lui. Le ciel s'éclaira... mais pourquoi ? Dans tous les parages les hommes étaient morts ou mutilés, personne ne se relèverait pour contre-attaquer ! Les tireurs allemands étaient aveugles sans doute, et ça marmitait fort. Tierno décida de partir. Il le fallait. Trop attendre, c'était attendre que la mort vînt simplement le cueillir. Il se ramassa sur lui, imitant un vautour en sommeil, il compta jusqu'à dix et se leva tel un ressort. Il fit un bond et sauta au-dessus des barbelés. Courbé, il avança, vite, mais sans réussir à vraiment courir. Il y avait des corps partout, des morts partout... même plus un seul vivant pour appeler sa mère. Les cadavres étaient encore frais et l'on pouvait distinguer les Blancs des Noirs.

Tierno, instinctivement, obliqua vers la gauche, comme si le génie de la mort lui avait indiqué que c'était le meilleur itinéraire à prendre pour ne pas mourir cette nuit. Mais une explosion énorme le souffla. Elle voulait le remettre dans le droit chemin sans doute. Il n'eut pas le temps d'avoir peur. Une autre explosion, la sœur de la première, le projeta en l'air avec une gerbe de terre.

Noir.

Fin.

Rien.

Les obus, les fusées de toutes sortes et la nuit et ses étoiles continuèrent à exister, mais pas pour Tierno. Pour lui, noir, fin, rien. Il était enterré, aussi bien enterré que n'importe lequel de ses ancêtres du Fouta. Il n'avait plus de conscience.

Noir.

Fin.

Rien.

Combien de temps dura-t-il sous la terre ? Personne ne l'avait vu sauter en l'air et se faire enterrer. Personne n'était là pour le voir sortir, mais en vérité, il en sortit ! Comment ? Lui-même n'aurait su le dire. Avait-il gratté et repoussé la terre, sans respirer, pendant une minute ou une heure ? Avait-il été livré à l'air de la nuit par un autre obus qui avait giflé de son souffle la tombe de terre sous laquelle il était ?

Il se releva. Il avait la bouche, le nez, les yeux pleins de terre. Il resta debout, sans conscience. Pas loin, un cent cinq shrapnell explosa, et ce fut un vrai miracle : toutes les abeilles d'acier allèrent faire leur miel ailleurs... certaines dans les corps morts des poilus. Aucune ne butina son corps !

Rien.

Pourtant, c'est après cette explosion que Tierno se sentit blessé. Son épaule n'était plus vivante. Elle était devenue un bloc de plomb qui pesait plus qu'une pierre de carrière... Sa vareuse était en charpie comme ses chairs pleines de terre : deux petits éclats d'obus s'étaient enfoncés là, jusqu'à l'os.

Il se mit à genoux. Il prit son bidon et voulut boire, mais il ne lui restait plus une goutte. À quatre pattes il avança, ses deux genoux restaient solides. Il était débraillé, haillonneux même. Après beaucoup d'efforts, il arriva au bord d'une tranchée. Il fit une pause. Son cœur battait très fort dans sa main blessée, comme pour lui dire qu'il était encore en vie. Il se laissa glisser dans la tranchée. Là il vit deux hommes debout, qui l'attendaient.

– À boire… je suis blessé, j'ai soif !

Rien.

Immobiles, les hommes semblaient insensibles à sa soif. Il rampa et quémanda encore :

– À boire… de l'eau…

Il tira sur la jambe du pantalon gris de celui près duquel il était. L'homme ne bougea pas plus. Alors, seulement, Tierno comprit que les deux hommes étaient morts. Ils étaient restés debout, appuyés l'un à l'autre, et retenus par la tranchée. Tierno réunit ses forces et doucement se releva.

– Non !

Il avait crié malgré lui. Il était dans la tranchée boche, la tranchée qu'il avait attaquée en début d'après-midi. En voulant regagner l'arrière, après être sorti de sa tombe de terre, il était parti du mauvais côté ! Il décrocha un bidon allemand et il but une eau un peu tiède, un peu lourde, un peu morte. Il but jusqu'à la dernière goutte. Il laissa les morts et titubant, guidé par la tranchée il fit quelques pas. Il voulait trouver le moyen de se tirer de là, de se hisser au niveau du paysage, mort lui aussi. C'est en se servant de trois cadavres comme marchepied qu'il réussit à s'en sortir. Mais l'effort avait été trop grand, il s'évanouit.

La fraîcheur de la nuit le réveilla. Il se rappela. Il se dit doucement :

– Tierno, il faut avancer, retourner vers l'arrière. Les brancardiers te trouveront si tu vas vers l'arrière.

À la manière d'une hyène au cul bas, qui renifle les cadavres avant de choisir celui qui lui convient le mieux, il s'en alla. La bataille n'avait pas cessé, même si les obus s'étaient un peu éloignés. Il partit doucement, tout doucement. Chaque fois qu'il posait devant lui sa main gauche, il sentait la douleur grandir dans son épaule et c'était comme si elle lui donnait l'ordre de s'arrêter et de se coucher là, pour mourir à tout jamais dans la terre cadavéreuse.

Il s'était écarté de moins de cent mètres de la tranchée perdue par les Boches quand il entendit gémir et appeler. Il s'arrêta, écouta. Pas loin un blessé résistait, voulait de l'aide. Tierno rampa vers les gémissements. Allongé près d'un trou d'obus, il vit au fond un homme yeux ouverts, bouche ouverte comme s'il voulait avaler les étoiles.

– Camarade, j'arrive.

Il prit le temps de respirer deux ou trois fois et lança encore :

– J'arrive, je viens à toi. Ça va aller...

Il glissa dans le trou, sans même se demander s'il parviendrait à ressortir de là. Il arriva corps à corps avec le blessé et alors il s'aperçut que celui qui gémissait était foutu, qu'il ne pouvait que mourir. Là, au fond de son trou, ventre ouvert, il venait d'accoucher de la moitié de ses tripes et Tierno ne savait pas comment il aurait pu lui remettre tout cela dans le ventre et le coudre pour qu'il vive... Tierno resta contre le blessé, il lui parla :

– Camarade, il faut tenir. La guerre a trop tué, nous là, on ne va pas mourir...

Le blessé avait la tête contre Tierno, il ferma et ouvrit les yeux plusieurs fois. Tierno reprit :

– La guerre a tué la savane, elle a tué la brousse, elle a tué les pirogues du fleuve... mais nous, on ne va pas mourir.

– À boire...

Il avait parlé. Tierno n'avait pas de bidon. Il décrocha celui du mourant, mais il était presque vide. Il l'ouvrit difficilement. Son épaule d'un côté, sa main de l'autre étaient comme transpercées par des coups de baïonnette chaque fois qu'il faisait un geste de trop. Il versa le peu d'eau qui restait sur les lèvres de son blessé.

– Merci... je vais mourir.

Tierno aurait voulu lui chanter une chanson du Fouta, il réussit à lui murmurer :

– Böbö, böbö

Böbö, böbö

*Böbö nö woulla piyaaka**...

C'est vrai que l'homme qui allait mourir était sans force, comme un bébé, et Tierno était un peu comme sa maman. Pourtant, ils étaient deux guerriers, deux poilus, deux hommes qui la veille encore riaient ou jouaient aux cartes.

L'homme réussit à articuler :

– Je vais mourir... tu iras leur dire, à ma mère, à mon père, à elle aussi...

Ce furent ses dernières paroles. Il mit longtemps à mourir mais il n'ouvrit plus la bouche. Il resta là, bien sage, bien au chaud contre Tierno.

CHAPITRE 7

DES BAISERS QUI SAIGNENT

L'aube ne tarda pas à jeter son lait blanc sur le champ de bataille. Voulait-elle faire revivre les morts, en les allaitant comme des bébés ? De qui allait-elle être l'alliée, alors que les attaques et contre-attaques n'avaient pas cessé ?

Tierno allongea son mort bien comme il faut. Il lui prit sa musette, qu'il lui cala sous la tête et il le regarda, comme s'il devait se réveiller. Le peu qu'ils avaient partagé faisait de celui-là, dont le cœur ne tamtamait plus dans la poitrine, son ami et son frère. Après un moment, il décida de fouiller dans ses poches pour y trouver des traces de la vie d'avant.

Il sortit un portefeuille et une boîte de cigares.

Le portefeuille contenait plusieurs billets de cent sous tout neufs, quelques pièces d'identité et des photos.

Tierno examina le tout. Son frère, le mort, s'appelait Pierre-Louis Cahuzac et il avait conduit une automobile. Il habitait à Paris et il était instituteur. Instituteur... un savant ! La guerre venait de tuer un savant, un savant de vingt-six ans, né à Paris au mois de septembre 1889. Sans réfléchir, Tierno se récita mentalement l'alphabet. Il le faisait souvent, quand il était triste ou qu'il avait un problème. Il regarda les photos, deux belles photos. Sur la première, on voyait quatre personnes devant un magasin. Pas n'importe quel magasin puisque l'enseigne disait : Maison Antoine Cahuzac – Tailleur pour dames.

Il y avait deux hommes et deux femmes sur la première image. Tierno reconnut tout de suite le mort, près d'une femme qui devait avoir à peu près son âge. La photo n'était pas très ancienne. L'autre homme et l'autre femme étaient plus âgés. Il réfléchit et conclut qu'il s'agissait certainement de M. et Mdame Cahuzac Antoine, de leur fils Pierre-Louis et de leur fille... la famille au grand complet devant le magasin.

Sur l'autre photo, une seule personne, une belle personne ! Une femme de vingt ou vingt-deux ans, pas plus. Elle était chaussée de bottines, et son corps très fin était vêtu d'une robe longue. Elle portait une cape du même tissu que sa robe et sur la cape une fourrure. Elle souriait un peu... Ses cheveux, longs sans doute, étaient ramassés dans un chapeau. Tierno s'adressa à Pierre-Louis :

– Celle-là, c'est ta femme peut-être ?

Pas de réponse. Derrière la photo était écrit :

Pour toi, Pierre-Louis mon amour,

cette dernière photo de moi.

Je t'aime comme tu sais, et il y a tellement de baisers que nous ne nous sommes pas donnés depuis que tu es parti que, quand tu reviendras, je t'embrasserai si fort que je te donnerai des baisers qui saignent, des baisers d'amour-toujours.

Ta Pauline.

Tierno relut plusieurs fois ces mots d'amour et regarda de tous ses yeux cette femme amoureuse. Il lui parla même, s'adressant à elle, la femme d'un ami blanc qui venait de mourir, mais continuant ensuite comme si elle était Néné Gallé. Il termina en embrassant la photo et en murmurant :

– Tes baisers ont la force du pili pili.

Sa main droite était engourdie, cependant chaque fois qu'il la remuait trop, son cœur venait y battre. Son épaule le faisait souffrir, même quand il restait absolument immobile et chaque fois qu'il bougeait il avait l'impression qu'une flèche lui perçait l'os. C'était si douloureux que des larmes coulaient sur ses joues alors qu'il ne voulait pas pleurer. Il aurait peut-être pu sortir seul de son trou et se montrer, mais à quoi bon ? Les brancardiers n'étaient pas prêts à investir le secteur pour ramasser les moitié vivants et les moitié morts. Les obus de soixante-quinze continuaient trop à miauler alors que des deux cent dix, voraces, gueule ouverte, avalaient l'espace ! Et puis il ne pouvait pas abandonner là Pierre-Louis qui était mort dans ses bras.

Avec sa main encore valide, il ouvrit la boîte de cigares. À l'intérieur, dans l'odeur des feuilles de tabac, il y avait des lettres, bien pliées, deux ou trois, plus une lettre dans une enveloppe. Il lut.

Pierre-Louis mon fils,

Nous avons bien reçu ta dernière lettre, celle dans laquelle tu nous parles des primevères que mange ton ami Coatenval, pour ne pas avoir de fièvre. Ta mère et moi avons été rassurés de te savoir en bonne santé. Ta mère a tout de suite dit à ta femme que tu te portais bien, mais elle aussi avait eu la chance de recevoir une lettre.

Nous sommes fiers de toi. La France a besoin que ses enfants souffrent pour elle quand il le faut. Tu souffres aujourd'hui, mais tu seras récompensé demain.

Ici, j'ai beaucoup de travail. J'ai hérité de l'ouvrage d'un ami qui est parti au front. Et puis, les dames sont toujours aussi coquettes à Paris, elles veulent toujours de nouvelles robes quand vient la nouvelle saison. Alors je pique et je couds et je recommence!

Ta mère comme moi a hâte que tu sois une nouvelle fois en permission. Elle te promet tout autant un bon bœuf bourguignon, qu'une tête de veau sauce gribiche... bref, elle veut te gâter.

Ta chère femme est avec nous presque chaque jour. Elle est courageuse comme toutes les femmes de soldats. Je lui commente les nouvelles que je lis dans le journal. Elle pense comme moi que la guerre sera finie avant la fin de cette année 1916. Oui, avant le printemps prochain tu auras retrouvé tes élèves et l'odeur de l'encre remplacera pour toi l'odeur du soufre dont tu nous as parlé.

Mon fils, je t'embrasse.

Ta mère t'embrasse... avec une petite larme au coin de l'œil. Tu sais comment sont les femmes, plus sensibles que nous qui devons toujours être des hommes solides au poste.

Ton père et ta mère qui t'aiment.

Tierno était épuisé et tout son corps souffrait. La blessure de son épaule gauche et celle de sa main droite étaient devenues alliées. Elles s'étaient rejointes en traversant son corps. La fièvre le brûlait de la tête aux pieds. Il avait soif. Il ne savait plus depuis combien de temps il était là. Il commença à délirer, marmonnant les mots de la guerre et ceux du Fouta.

La pluie commença à tomber. Oh, pas une vraie pluie qui détrempe le monde sans attendre une quelconque autorisation. Non, une petite pluie douce, un peu craintive peut-être, une simple pluie venue là pour faire la toilette des morts et non pour la fête à la grenouille ! Elle réveilla Tierno. Elle lui rendit sa raison. Alors, il ouvrit la bouche pour que cette eau du ciel entre en lui. Il la laissa aussi tomber dans le casque de Pierre-Louis et dans son casque...

La pluie n'avait pas fait tomber la fièvre, elle avait seulement fait semblant, mais Tierno se sentit un peu mieux. Il sommeilla, se réveilla et il prit une autre lettre dans la boîte. Il lut.

Pierre-Louis, mon doux amour.

Je t'aime et je t'aime. J'ai envie d'écrire seulement cela, recto verso. C'est ainsi, je t'aime et je t'aime et je t'aime... Tu me crois folle ? Tu as raison, je suis certainement folle de t'aimer ainsi... toi ! Mais, que faire ? Je n'ai jamais été une petite fille modèle, je n'ai jamais été obéissante, j'ai toujours voulu en faire à ma tête ! Madeleine Lartigue, que tu connais, me dit que ce n'est pas raisonnable de t'attendre, que lorsque tu reviendras tu seras un autre qui n'aura plus besoin de moi. Elle le dit... oui et moi je ris d'elle.

Je t'aime et si un Boche te fait du mal, j'irai à mon tour dans les tranchées et je leur montrerai moi à tous ces Allemands ce que c'est qu'une fille de Ménilmontant.

Chaque jour je m'invente des histoires de toi et de moi. Je baptise les jours chaque matin. Ainsi, ce matin j'ai décidé que ce serait jour de ma bouche. Je me suis mis du rouge à lèvres et j'ai rêvé de tes baisers. Demain ce sera jour de mes mains, mes mains pour te caresser et quand tu recevras cette lettre ce sera jour de... à toi de choisir ! N'hésite pas. Je suis toute à toi et tu peux choisir n'importe quelle partie de moi pour vivre ta journée de poilu.

Donc, je suis folle, folle de toi, et je n'ai rien oublié de nous, c'est pour cela que je ne peux guérir de ma folie amoureuse!

Je ne sais pas si ce serait bien honnête que tu aies un tatouage sur le bras, mais j'aimerais que nous ayons toi et moi le même tatouage, comme le font ceux qui fréquentent le soir les fortifications avec les femmes qu'ils se choisissent. Oui, nous le ferons, nous aurons le même tatouage, nous serons alors plus que mariés ensemble.

Pierre-Louis je t'aime et même j'écris je traime parce que c'est très très que je t'aime.

Ta folle, ta douce, ta Pauline à toi.

... J'oubliais, j'ai déménagé comme prévu, j'ai descendu un étage. Mon logement est plus grand... j'ai deux vraies pièces. Je suis donc toujours au 64, rue de Ménilmontant, bien sûr, à t'attendre.

Tierno était encore allongé sur le dos et c'était comme s'il s'enfonçait lentement dans la terre. Son cœur battait pour envoyer peut-être un message de l'autre côté du monde... pour dire à ceux d'un autre monde qu'il était encore vivant ici avec Néné Gallé devant les yeux. La pluie froide lui avait fait du bien. Quand elle avait cessé, il avait bu le peu d'eau recueilli dans les deux casques. Il sortit la photo de Pauline qu'il avait gardée sous sa vareuse déchirée. Il la regarda encore, il lui parla :

– Tu es belle. Es-tu une fille de Dalaba ? Une fille de Labé ? Tu ne réponds pas... attends.

Il tourna la tête et chercha autour de lui. Il trouva ce qu'il voulait : un petit morceau de bois charbonné par des brûlures d'obus. Il coloria en noir la photo, il fit de la fille de Paris une Africaine. Pauline, devenue noire, garda le même sourire, elle semblait vraiment heureuse. Tierno lui dit :

– Néné Gallé je t'aime. Embrasse-moi Néné Gallé, donne-moi des baisers qui saignent.

Il contemplait la photo, attendant peut-être qu'elle s'anime. Il murmura :

– Néné Gallé, pose ma tête sur ton ventre, fais-moi guérir.

C'est plus tard qu'il lut la troisième lettre, qui était à peine commencée. C'était une lettre que Pierre-Louis avait prévu d'adresser à sa Pauline.

Ma douce, ma très beaucoup douce.

Tes lettres me font plus que du bien, elles me maintiennent en vie, je crois. Ici, presque chaque jour depuis si longtemps, c'est la rage ! Ça pue la mort et ça pue la poudre. Si tu entendais les gueulements quand on attaque ! Nous sommes tous devenus fous. Si je croyais à l'enfer, je dirais que c'est l'enfer qui s'est transporté sur terre pour punir les hommes.

Celui qui n'a jamais respiré l'odeur du soufre dans les tranchées ne sait rien ; celui qui n'a jamais vu une colonie de poux sur la tête d'un copain ne sait rien ; celui qui n'a jamais fait le guignol avec un sac à figure pour se protéger des gaz asphyxiants ne sait rien ; celui qui n'a jamais vu des cadavres gonflés et bleuis ne sait rien ; celui qui n'a jamais vu la mort ridiculiser les corps prisonniers des chevaux de frise[1] *ne sait rien !*

Ils m'ont fait faire la guerre, moi, oui moi qui n'ai aucun ennemi parmi les hommes. Mon amour, si je ne reviens pas pour te serrer et te chérir, ce sera seulement parce que j'aurai été tué,

1. Chevaux de frise : Défenses formées d'un axe muni de croisillons garnis de ronces artificielles (des barbelés).

que comme beaucoup d'autres je serai mort avant mon tour. Toi mon amour, il faudra toujours que tu répliques à tous les fauteurs de guerre qu'aucun homme, qu'aucun gouvernement, qu'aucune patrie ne doit briser les miroirs de la vie.

Ma toute douce, je t'aime des pieds à la tête et je veux que cessent toutes les batailles pour vivre en toi, vivre par toi. Si je vis, il faudra que notre amour fou soit un exemple : vive l'amour fou, à bas la guerre !

Je cesse là ma lettre pour l'instant. Il est tard. Je vais boire un grog à la gnole et tenter de dormir un peu. Je te dirai d'autres mots, des mots d'amour, sur cette page, quand nous reviendrons à l'arrière. Demain, une fois de plus nous serons en ligne.

Je vais m'endormir un peu et pour cela répéter ton nom doucement et avant même d'avoir dit mille fois Pauline, je te rêverai sans doute. Toi n'oublie pas de fermer les yeux chaque soir en répétant Pierre-Louis, comme promis !

Tierno regarda son mort, Pierre-Louis. Il était mort sans avoir même fini sa vie et jamais il ne finirait sa lettre. Il remit lettres et enveloppe dans la boîte à cigares et il rangea le tout dans la poche intérieure de sa vareuse. La fièvre qui avait fait semblant de l'oublier était revenue. Il était allongé dans son trou d'obus, aussi raide qu'un ancêtre.

Il savait qu'il fallait une sépulture à son mort, pour qu'il puisse continuer tranquillement à être un vrai mort auquel des vivants penseraient longtemps. Doucement, il commença à le recouvrir de terre. Il aurait voulu avoir des herbes et des feuilles pour les poser sur sa capote déchirée qui lui servait à présent de linceul. Les forces lui manquaient, mais il continuait. Il pensa à l'enterrement d'un vieux, à Mamou... il était avec les hommes dans la cour de la mosquée, derrière l'imam. Il se souvint des rangs serrés, bien droits quand tous écoutaient les versets de la prière des morts.

Il se retrouva seul dans le trou, quand son mort fut caché par la terre.

CHAPITRE 8

ON LES AURA !

Les bons comptes font les bons morts et les premières dizaines de milliers de morts de Verdun étaient des bons morts. Le grand chef blanc venait de dire à tous les poilus : « On les aura ! » Il en était sûr. Les vivants étaient revenus sur l'arrière la bouche pleine de cadavres... mais bien des cadavres attendaient comme de la semence jetée sur terre, la nuit et le jour. Seulement, les cadavres ça ne mûrit pas comme le blé ou le mil. Les cadavres ça pourrit et autour, tout autour du trou d'obus d'où Tierno ne pouvait plus bouger, les cadavres offraient de mortelles odeurs à la terre. Parmi ceux qui patientaient sous le ciel, il y avait celui qui avait été le plus aimé, le plus câliné et qui s'apprêtait comme n'importe quel autre à devenir de la pourriture.

Le jour s'acharnait, il était toujours là, avec sa musette pleine de lumière. Peut-être est-ce que le ciel vibrait trop pour oublier les chiens et accueillir déjà les loups de la nuit. Tierno, malgré les brûlures de la fièvre ouvrit les yeux. Il délirait pour de bon. De sa bouche sortait une litanie aussi incompréhensible en pular qu'en français. C'était une mélodie, chuchotée comme si elle ne devait être entendue que des initiés. Une mélodie interdite aux embusqués de l'arrière qui, pour suivre les conseils avisés de la réclame, photographiaient les moments heureux de leur vie avec un Kodak.

– T'entends c'que j'entends ?

– J'entends pas.

– Bon Dieu ! Ouvre-les pour de bon tes écoutilles !

Les deux hommes se turent un instant.

– Alors ?

– C'est par là, y'a un vivant qui nous attend. Un qu'aura été plus patient que les autres !

Courbés, les deux brancardiers se dirigèrent vers la voix.

– Il est là, dans l'trou.

Tierno entendait parler au-dessus de lui, mais il ne pouvait plus faire un geste pour signaler qu'il était vivant. Rien sauf remuer les lèvres et psalmodier mécaniquement.

– C'est un nègre !

– T'es sûr ?

– Ça s'voit quand même. S'il avait dégusté d'la soupe au lait y s'rait aussi blanc q'toi et moi, mais c'est un nègre.

– J'y vais, je l'sors de là.

– T'y vas ?

– Un peu qu'j'y vas... on va pas l'laisser là. C'est un soldat non, un poilu, et y vaut bien le g'noux creux, c'te pantin de lieutenant qu'on s'est fadé tout à l'heure sur le brancard.

– Sans blague ?

– Ouais, sans blague… c'te crâneur de lieutenant qui nous disait que l'devoir et la mort ça peut être la même chose quelquefois !

L'homme s'allongea à plat ventre sur la terre grasse du trou d'obus. Il progressa un peu vers Tierno. Il lui dit :

– Ça va aller mon gars, on va t'sortir de là.

Il tourna la tête et demanda à son collègue :

– Tu me passes ton ceinturon, j'vais le glisser dans le sien et on va le hisser.

– Et si j'perds mon grimpant ?

– Comment ça ?

– On m'a chouravé mes bretelles et c'est mon ceinturon qui retient tout, mes cartouchières et un peu mon froc au cas où…

– T'as un caleçon en dessous, non ?

Cinq minutes plus tard, ils avaient hissé Tierno et l'avaient allongé sur le brancard. Ils lui donnèrent un peu d'eau à boire, mais il aurait fallu tout le lait de toutes les vaches peulhes broutant du Fouta au lac Tchad pour calmer sa soif et éteindre sa fièvre.

Il dormait, ou c'était tout comme ! Il ne distinguait rien des parages où une pluie tropicale de fer et de feu était tombée, une pluie qui pouvait revenir d'un instant à l'autre. La terre torturée montrait des blessures de tous les calibres. La terre avait avalé elle aussi des gaz suffocants. Au branle-bas des combats et de la peur, allait succéder bientôt celui des squelettes, qui avec leurs os se déferaient des chairs vidées, mortes, incapables à présent d'affronter les mochetés de la guerre.

Les soldats qui ne se relèveraient plus, blancs ou noirs, n'étaient pas seulement éparpillés. Certains, tombés ensemble, s'étaient emmêlés et ils avaient des poses absurdes qui faisaient penser à l'amour. D'autres avaient gardé les yeux ouverts, peut-être qu'ils ne voulaient pas mourir pour de vrai. L'un d'eux, un Noir, montrait ses dents blanches et continuait à rire, comme si la mort n'était qu'une bonne farce !

Blanc ou noir un mort est un mort, c'est tout... d'ailleurs ceux qui passaient là, avec leur brancard sur lequel délirait Tierno, l'avaient souvent constaté et ils savaient qu'un mort noir est aussi mort qu'un mort blanc.

Tierno ne voyait pas autour de lui, pourtant, dans son délire il demandait que ceux qui étaient tombés là, loin de leur Afrique, loin de leur savane et des baobabs fétiches, soient enterrés comme il se doit. Un mort oublié, un mort sans sépulture serait peut-être obligé de mourir une deuxième fois le pauvre, pour attirer l'attention et exiger que les vivants l'honorent !

Il fut évacué, pas bien loin des obus. Il n'était pas le seul ! Les blessés, un peu égratignés ou complètement mourants, arrivaient sans cesse : il y avait trop-plein.

Une jeune femme, les yeux cernés, commença à s'occuper de lui. Elle coupa le bandage sale qu'il avait à la main et elle le nettoya de la paume au bout des doigts. Elle le badigeonna, des ongles jusqu'au poignet. Il ne sentait rien, il était dans sa fièvre comme dans un cocon.

Avant de le laisser, elle alla chercher un seau d'eau et armée d'une éponge, elle lui nettoya le visage et le cou. Elle se pencha au-dessus de lui et lui murmura :

– Ça va aller, soldat. On va s'occuper bientôt de votre épaule blessée.

L'eau fraîche passée sur son visage avait réveillé Tierno. Il ouvrit les yeux et demanda :

– À boire...

Elle alla chercher un verre d'eau. Elle lui leva la tête et le fit boire quelques petites gorgées... Elle lui sourit et le laissa. Deux tirailleurs, blessés tous les deux aux bras, s'assirent près de Tierno. Ils étaient pansés et ils n'avaient rien d'autre à faire qu'à attendre, pour le moment.

Tierno était là depuis au moins deux heures, et on ne s'était pas davantage occupé de lui, quand un grand cri couvrit tous les murmures et toutes les plaintes :

– Tierno, mon frère ! Tierno...

C'était Aboubacar lui-même. Il souriait, heureux d'avoir retrouvé son frère. Il avait la tête bandée. Tierno, qui de temps en temps reprenait conscience, ouvrit encore les yeux.

– Tierno... te voilà ! Je te cherche depuis hier. Je savais que tu n'étais pas mort, je le savais...

Il était heureux et il parlait si fort que la jeune femme qui avait soigné la main de Tierno vint lui demander de se taire.

– Mais c'est mon frère, c'est Tierno, il est blessé, il faut le soigner !

– Il n'est pas le seul. On va le soigner...

– Mais, il faut faire vite, il faut qu'il avale un peu de poudre d'os d'éléphant et...

– Chut. Attendez, restez avec lui puisque c'est votre frère et donnez-lui un peu à boire. Mouillez-lui au moins les lèvres.

Aboubacar resta avec Tierno plus de deux bonnes heures encore et enfin, un chirurgien fatigué vint s'occuper de l'épaule blessée.

– On va lui retirer ça en moins de deux. Vous me le déshabillez assez pour que je l'opère.

Tierno regarda la jeune femme, toujours la même. C'était elle qui avait signalé Tierno au chirurgien.

– Je vous aide ?

– Oui. Mais, vous êtes qui, vous ?

– Aboubacar. J'ai été soigné hier, mais je suis resté, je voulais retrouver mon frère. Vous êtes une femme docteur ?

– Non, rien qu'une aide... une aide qui ne sait rien faire mais qui fait quand même !

La femme découpa l'uniforme et la chemise, avec des grands ciseaux. Elle s'exclama :

– Qu'est-ce que c'est que cette affaire ?

– Ça ? C'est son tapis de prière, c'est une peau de chèvre de son Fouta. Vous, vous ne priez pas ?

Aboubacar souleva légèrement le corps de Tierno pour qu'elle puisse enlever la peau de chèvre. Après cela, elle lava les plaies... Tierno gémit. Elle lui donna un pansement à serrer entre les dents. Le chirurgien arriva.

– Il a encore des forces. Il a du plomb dans l'aile, mais je vais lui enlever ça vite fait. Qu'il boive un coup, ça l'aidera.

– Vraiment ?

– Si j'avais du chloroforme à revendre, je l'enverrais au septième ciel au moins, faire un somme ! Mais je n'ai plus rien... ou presque, alors, à la guerre comme à la guerre !

Il commença. Aboubacar le surveillait... Le chirurgien avait l'habitude, mais dès qu'il entra ses pinces dans l'épaule, Tierno hurla, comme un félin qui reçoit une dernière blessure qui sera mortelle, avant de sombrer, vaincu par la douleur. La jeune femme aida le chirurgien qui sortit deux petits éclats.

– Il avait chopé une demi-livre de ferraille cet artiste ! Il va s'en tirer, avec une épaule en marmelade, mais il pourra peut-être bien continuer à être soldat. Je vous le laisse, nettoyez bien autour de la plaie avec une double dose de désinfectant et vous le bandez, pas trop serré. Voilà, il est à vous.

– Mettez-lui un peu d'eau fraîche sur la figure, vous voulez bien ?

– Oui, je veux bien.

Elle s'était adressée à Aboubacar en souriant, comme une amie. Elle mouilla légèrement les plaies avec sa teinture d'iode et délicatement lui enveloppa l'épaule.

– Il faudrait qu'il dorme.

– Il va dormir.

– Peut-être, mais la douleur ne va pas le quitter tout de suite. Je le verrai demain. Vous pouvez veiller sur lui cette nuit ?

– C'est mon frère, je vais le veiller oui.

Aboubacar lui remboursa son sourire et lui demanda :

– Dites-moi votre nom, pour lui, que vous avez soigné.

– Hortense.

– Hortense ?

– Oui, c'est mon nom, appelez-moi Hortense.

Elle partit. Aboubacar couvrit Tierno avec sa peau de chèvre. Il dit tout bas :

– Toutes les prières que tu as faites là-dessus vont te tenir chaud et te protéger.

Le lendemain, Tierno allait un peu mieux, mais il restait faible. Sa blessure avait saigné pendant des heures, chaque fois qu'il avait fait un effort avant d'être opéré, et c'est pas à pas, respiration après respiration qu'il retrouverait ses forces.

Hortense très tôt reprit son travail.

– Vous avez bien dormi ?

– Oui, bien, bien peu. Et vous est-ce que ça va ?

– Ça va, mon frère est bien revenu dans ce monde. Il a parlé. Pour l'instant, il dort, précisa Aboubacar.

– On va l'évacuer sur Bar-le-Duc dans la matinée et ensuite il ira en convalescence plus loin. Et vous, votre tête ?

– Ce n'est rien, je suis guéri, je vais moi aussi partir, mais pour retrouver mon bataillon.

– Je vais vous refaire votre pansement. J'espère que vous supporterez votre casque, que vous n'oublierez pas de le mettre.

Aboubacar eut droit à un pansement bien frais. Il eut l'impression de bénéficier d'un régime de faveur, d'autant que de nombreux blessés, arrivés pendant la nuit, attendaient. Et puis, Hortense s'était comportée avec lui tout simplement. Elle si pâle, si blanche, l'avait soigné aussi attentivement que l'aurait fait sa sœur.

– Tierno, bois un peu, c'est chaud ça et c'est de la force qui entrera en toi.

Tierno but. Ce n'était que du café noir métissé avec de la chicorée.

– Tierno, j'ai une surprise pour toi !

Tierno regarda son frère sans comprendre. Aboubacar continua :

– Tu vas tout d'abord m'écouter, parce que cette blessure-là, à la tête, c'est à toi que je la dois. Quand on a attaqué, j'étais loin de toi avec mon escouade, mais j'étais encore près du commandant Gaudry. Plus tard, on s'est replié, pour regagner notre tranchée, on était moins nombreux, mais surtout Gaudry était mort, presque complètement coupé en deux ! De la tranchée, je voyais son corps qui n'était qu'à quelques mètres, alors j'ai eu une idée. Je suis sorti de la tranchée et je me suis approché du cadavre de Gaudry, comme un reptile. Je lui ai retiré sa vareuse et j'ai déchiré sa chemise, et voilà ! Voilà, regarde.

Il avait à la main le brassard bleu-noir de Tierno, celui offert par Mody Oury.

– S'il ne te l'avait pas volé, tu ne serais pas blessé aujourd'hui, ou pas plus que moi. Gaudry ne savait pas que ce brassard est personnel, et qu'il ne peut faire du bien qu'à toi.

Il lui noua son brassard, en haut du bras gauche, sous les pansements de son épaule.

– C'est en revenant avec que je me suis fait poisser, mais c'est peu de chose. L'éclat m'a frôlé, c'est à peine s'il m'a enlevé un morceau de peau. C'est une éraflure, quoi. Moi, je ne vais pas partir en convalo comme toi !

Cette fois Tierno sourit pour de bon. Aboubacar s'était fait « poisser », il n'irait pas en « convalo ». C'était fait. Il avait appris la langue des poilus à l'école de la guerre. Pour ne pas être en reste, Tierno fit un effort et lui répondit.

– Merci mon frère, pour tes soins. Mais, fais attention, il y a encore une « chiée » d'obus qui vont tomber !

CHAPITRE 9

LE CRI ROUGE DES CERISES

Mai allait s'achever et Tierno était en convalescence au camp du Courneau, dans la forêt d'Arcachon. Il allait bien à présent. Il tournait un peu en rond chaque jour. Son épaule restait lourde, mais il pouvait faire presque tous les gestes sans trop souffrir. Sa main droite était complètement guérie et seul son annulaire restait raide, il ne bougeait que s'il le manipulait avec son autre main.

Mai avait été beau et des tourbillons de pollen avaient encore volé dans l'air.

Tierno et les autres du camp étaient isolés du monde blanc, personne ne lui apprit qu'en mai les enfants jetaient des cailloux dans les mares pour en faire sortir les vouivres, les femmes-serpentes et les dames aux cœurs d'écailles.

Juin arriva. Personne ne l'invita à aller cueillir le mille-pertuis, l'épervière, l'armoise, la sauge, la cuscute, la verveine, et la fougère qui sont les sept herbes magiques de la Saint-Jean. Pourtant, la fougère aurait pu l'aider, alors qu'il allait repartir vers son 36e bataillon de tirailleurs. On le sait, celui qui recueille des graines de fougère avant qu'elles ne se sèment peut se transporter d'un endroit à l'autre aussi vite que le vent, et même il peut se rendre invisible. Pour Tierno comme pour chaque soldat, quoi de mieux que d'être invisible face à l'ennemi et à ses balles ?

Le lendemain du jour le plus long de l'année, Tierno se prépara. Son tour était venu, il devait remonter vers les premières lignes et laisser là des grands blessés qui ne reverraient pas le front, mais qui se rappelleraient toute leur vie les batailles de Cumières-le-Mort-Homme, de la côte de l'Oie, du bois des Corbeaux...

Il avait un uniforme neuf avec de nombreuses poches... En plus de ses propres pièces, il garda sur lui la petite boîte à cigares de Pierre-Louis et son portefeuille. La belle photo de Pauline, qu'il avait coloriée en noir, était dans ses propres papiers, dans son livret militaire. Il l'avait tellement admirée cette Pauline, en l'appelant Néné Gallé, qu'il devait faire un gros effort pour que le vrai visage de sa Néné Gallé lui revienne en mémoire.

Le jour où il quitta le camp, il mangea des cerises pour la première fois. Il s'amusa à cracher les noyaux le plus loin possible. Elles étaient rouge sang, ces cerises, et Tierno pensa au sang qui goutte à goutte s'échappait des capotes et des vareuses quand les hommes étaient blessés, ce sang qui suintait des blessures malgré les bandages. Il quitta le camp pour aller prendre le train en sachant que là-bas, à la guerre, il allait retrouver le cri rouge des cerises chez tous les hommes qui se feraient entailler, déchiqueter, frapper.

Il emportait sa peau de chèvre roulée dans sa musette, une boule de pain, trois œufs bien cuits et deux beaux oignons. Avec ça il pouvait tenir.

Son train traversa la France, qui était douce et belle. Il fonça dans les blés mûrissants et dans les avoines légères. Il tutoya les seigles déjà teintés de miel et plus tard, les orges blondes. Et puis, le dernier train dans lequel monta Tierno arriva dans la guerre.

Il ne retrouva pas tout de suite sa compagnie. Pendant vingt-quatre heures il crut qu'il en était le seul survivant, que le trente-sixième avait été anéanti. Enfin, il rejoignit ses camarades. Ils étaient au repos, de retour une fois de plus des premières lignes du front. Quand il arriva, plusieurs faisaient leur lessive, quelques-uns se lavaient en même temps des pieds à la tête.

– Tierno ! Se'zent... Sa'zent...

Il fut rapidement entouré. Il raconta l'arrière, qu'il avait aperçu, et son temps de convalescence dans une autre France.

– Et la compagnie ?

Il ne connaissait pas tous les visages qu'il voyait. Des vivants nouvellement arrivés remplaçaient les blessés et les morts.

– Kory Ndiaye est mo't.

– Kory ? Et sa médaille ?

– On l'a expédiée au chef de son village.

C'est le grand Amadou Konaté, toujours aussi fort, qui venait de donner la nouvelle. Il prit la main de Tierno et la serra légèrement. Il l'entraîna, comme pour une petite promenade. Ils firent quelques pas et sans préalable, Amadou annonça :

– Aboubaca' Soumah est mo't. Mo't. Mo't. Mo't.

Il avait répété « mo't » comme pour se convaincre lui-même. Tierno s'arrêta. Amadou resserra sa main. Ce fut comme s'il tentait de donner un peu de sa force à Tierno. Ils restèrent là deux minutes au moins, sans bouger et sans dire une parole de plus. Enfin Tierno réussit à demander :

– Quand ? Comment ?

– Il est mo't de la tête, un obus en pleine tête.

Aboubacar avait morflé début mai.

Tierno n'avait plus ni froid ni chaud. Son frère était mort. Quand Amadou Konaté le lâcha, il tomba à genoux et cacha sa tête dans ses bras. Il voulait garder sa peine, l'enfermer dans son corps, comme un secret. Aboubacar qui était si proche des esprits, lui qui savait parler aux génies offensés, lui... il avait été tué, ici : loin de l'Afrique de ses ancêtres. Tierno savait bien qu'ici ou là-bas, la mort est un vêtement que tout le monde doit porter. Mais la mort avait agi par traîtrise, elle avait profité de l'absence de Tierno pour s'attaquer à Aboubacar. Il serra les poings et répéta la bouche pleine de larmes :

– Je veux tuer la mort, je veux tuer la mort, je veux tuer la mort...

Juillet donneur de chaleur passa, avec ses enveloppes de poussière. Tierno et ses camarades se reposèrent. Pas très loin bien sûr, la bataille continuait avec la foudre du diable qui tombait sous ses sept formes : fer pour briser, feu pour brûler, soufre pour empoisonner, guenilles pour étouffer, foudre pour étourdir, pierre pour détruire et bois pour déchiqueter.

Et ce fut août, avec sa Vierge du quinze août qui arrange ou défait tout ! Le soleil inventa encore les tourbillons de poussière, mais à quoi bon se plaindre du temps puisque c'est perdre son temps ?

Septembre arriva et mit en équilibre le jour et la nuit, comme deux armées dont aucune ne peut prendre l'avantage sur l'autre. Vint octobre avec ses brumes mélancoliques et le trente-sixième bataillon de tirailleurs, avec machettes et baïonnettes, avec ses fusils Lebel et ses grenades bien mûres, partit à l'attaque. Tierno n'avait rien perdu de sa hargne et il voulait toujours tuer la mort. Il fonçait, tête levée, pour Aboubacar et pour l'exemple. Avec les autres, il reprit Douaumont aux Boches. Avec les autres il fonça, pour tuer la mort et pour l'exemple. Le trente-sixième bataillon de tirailleurs enleva aux Boches le fort de Vaux.

Le sergent peulh Tierno Diallo fut cité une fois et dix fois en cette année 1916. Il fut encore cité en 1918 lors des combats sur la Vesle. Il pouvait exposer sur sa poitrine ses nouveaux gris-gris : croix de guerre, médaille militaire, croix du combattant, médaille de Verdun, insigne des blessés ; il pouvait, en montrant ses cicatrices, faire savoir qu'il avait été cité deux fois à l'ordre de l'armée.

Arriva novembre 1918, avec son premier minuit qui est la grande heure où les morts ouvrent les yeux et se lèvent. Enfin, ce fut le onze novembre et l'armistice. La guerre était finie, mais on était incapable de dire si les vivants qui restaient étaient assez nombreux pour compter sur leurs mains le nombre des morts.

CHAPITRE 10

Ô TOUR EIFFEL !

Le train roulait et dans le compartiment plusieurs soldats se laissaient bercer par le broun roun roun des roues. Legall et Tierno se levèrent et allèrent se poster dans le couloir, peut-être pour voir de face les paysages brumeux qui défilaient.

– Novembre : il fait chaud en ce moment dans ton Fouta ?

– Oui, bien chaud même !

– Tu vas y être bientôt, qu'est-ce que tu vas faire là-bas ?

Tierno n'avait pas de réponse. Il posa à son commandant la même question.

– Moi, je vais continuer à faire le militaire... sans doute, répondit Legall. Mais qu'est-ce que c'est qu'un militaire sans la guerre ? Et celle-là c'était la dernière, la der des der il paraît ! Probable que je resterai commandant jusqu'à la retraite.

– Non, colonel ou général même !

– Merci Tierno, mais pour l'instant il y a des galons qui pèseraient trop lourd sur mes épaules. Il faut d'abord que je comprenne pourquoi la mort n'a pas voulu de moi... pourquoi les autres, et pas moi.

– Mon commandant, vous allez vous marier bientôt puisque la guerre est finie ?

– Oui, je vais me marier, c'est ce qui est prévu. Mais, quand saura-t-on combien des nôtres sont morts qui venaient de se marier ou qui allaient se marier ?

Le train arriva enfin gare de l'Est. Terminus.

– Tierno, on ne va pas se quitter là, comme ça. Je t'offre le verre de l'amitié, avec un peu de chance c'est une belle Madelon qui va nous servir ici, une Madelon démobilisée...

Ils rirent. En marchant vers le buffet de la gare, Legall murmura :

– Moi, je ne connais pas l'Afrique.

– Mais si, mon commandant, vous la connaissez. Connaître quelqu'un, c'est connaître son pays et vous, vous connaissez beaucoup d'Africains.

– Oui, j'en connais beaucoup...

Legall poussa la porte. Devant eux, les garçons enroulés dans leur tablier semblaient vêtus d'un pagne blanc. Ils s'installèrent. Avant de passer commande, Legall ajouta :

– Oui, je connais beaucoup d'Africains... Alors, l'Afrique est belle, je crois.

Ils se turent.

Tierno but son grand lait chaud, du bon lait de vache et Legall son café noir. Ils quittèrent le buffet de la gare de l'Est et se trouvèrent alors vraiment dans Paris. Tierno y avait transité deux ans plus tôt, de la gare de Lyon à la gare de l'Est après avoir quitté le camp Gallieni. Avec les autres tirailleurs, il avait marché en chantant. Mais il n'avait pas vraiment vu la capitale.

La tour Eiffel, bergère du ciel, était là, quelque part. Tierno ne l'aperçut pas tout de suite.

– Tierno, si besoin, tu sais où me trouver.

– Oui mon commandant, mais ça ira...

– On dit ça, mais Paris, c'est grand, autant dire que c'est la capitale du monde !

– Ça ira.

Ils se serrèrent la main et se quittèrent, devant la gare qui, pour beaucoup d'hommes, depuis quatre ans, avait été la gare des départs définitifs. Il ne faisait pas chaud. Tierno marcha, mains dans les poches. Tout son bagage tenait dans sa musette. Il avait obtenu une petite permission.

Il savait lire un plan et comme il avait un plan de Paris, il se dirigea sans hésiter à main droite. Son objectif était de rejoindre la rue Marguerite dans le dix-septième arrondissement. Il découvrait vraiment Paris. Il avait traversé la France, de Saint-Raphaël à Verdun et de Verdun à Arcachon, mais il n'avait rien vu qui ressemblât à Paris. Ici, il marchait dans des rues larges ayant pour rives des immeubles hauts de plusieurs étages. La rue Marguerite était loin, mais il avait l'habitude de se servir de ses jambes ! Un peu après midi, il s'arrêta à hauteur de la place Clichy et déjeuna de deux cornets de frites. Il but un peu d'eau fraîche à une pompe. Plusieurs

Parisiens lui souriaient. Il y en eut même un qui traversa le boulevard pour venir lui serrer la main !

Il arriva rue Marguerite vers quatorze heures. Il trouva tout de suite le magasin qu'il cherchait. Il l'observa une minute et lut plusieurs fois l'enseigne : Maison Antoine Cahuzac – Tailleur pour Dames. Il traversa la rue et entra. L'homme qui était là, une craie de tailleur à la main, un mètre ruban autour du cou, travaillait en chemise et petit gilet sur un beau tissu bleu.

– Bonjour, je suis le sergent Tierno Diallo, du 36e bataillon de tirailleurs sénégalais. Je vous ai écrit pour vous dire que je passerais vous voir.

L'homme dévisagea Tierno des pieds à la tête. Peut-être qu'il regardait en connaisseur si son uniforme était bien coupé ? Peut-être qu'il s'interrogeait pour savoir si ce grand noir, long comme un jour sans pain, était vraiment un être humain ?

– Bonjour. Mais pourquoi m'avez-vous écrit, je n'ai pas bien compris vos quelques lignes. Pourquoi passez-vous me voir ?

– Monsieur...

Tierno se tenait au garde-à-vous. Il lui était plus facile dans cette position d'être tête à tête avec un Blanc qu'il ne connaissait pas, pour lui révéler des choses importantes.

– Monsieur, Pierre-Louis Cahuzac est mort à côté de moi. J'ai recueilli ses dernières paroles et...

– Pierre-Louis, Pierre-Louis dites-vous !

– Oui, c'était mon ami. Il est mort dans un trou d'obus et je l'ai enterré de mes mains pour qu'aucun corbeau ne vienne souiller son corps. J'ai fait cela. Il était mon ami, c'est la vérité même.

Le tailleur s'approcha. Il prit les deux mains de Tierno dans les siennes et les serra. Des larmes coulaient de ses yeux, alors qu'il ne semblait pas pleurer.

– Monsieur, racontez, dites-moi tout.

Tierno dit quelques mots. Il raconta une belle fable pour que ce père sache avec quel grand courage son fils était mort pour sa patrie.

– Venez avec moi.

Il ferma à clé son magasin et invita Tierno à le suivre à l'étage. Il appela :

– Jeanne... Camille...

Deux femmes arrivèrent, ensemble, suivies d'un enfant.

– Monsieur, voici Jeanne mon épouse, la mère de Pierre-Louis, et voici Camille sa veuve.

Il désigna l'enfant et continua :

– Voici Robert, c'est leur enfant. Il n'aura pas connu son père.

Tierno salua les femmes, il les avait vues sur la photo de groupe, devant le magasin.

– Monsieur était un ami de Pierre-Louis, Pierre-Louis est mort dans ses bras et...

– Dans ses bras, ce n'est pas possible !

– Jeanne, monsieur va vous dire à toi et à Camille avec quel courage notre fils est mort face à l'ennemi. Robert peut écouter. Nous lui répéterons souvent comment son père est mort et lui aussi deviendra courageux.

Tierno raconta, simplement. Les deux femmes et le tailleur étaient assis dans des fauteuils, Robert était assis sur le tapis. Quand il eut achevé pour la deuxième fois son récit, Tierno sortit de sa poche le portefeuille qu'il avait conservé.

– Voici, c'était à lui. Je l'ai gardé pour vous le rendre moi-même.

– Merci.

Le tailleur ouvrit le portefeuille. Il en sortit les billets neufs de cent sous et les tendit à Tierno.

– Tenez, c'est pour vous.

– Non... mais si vous voulez me donner la photographie là, je veux bien.

Le tailleur insista :

– Prenez cet argent, c'est peu. Prenez.

Tierno prit. Jeanne Cahuzac s'était approchée et avait arraché le portefeuille des mains de son mari. Elle dit :

– Nous gardons la photo, nous n'avons pas beaucoup de photos de notre fils.

Elle quitta la pièce suivie de sa belle-fille et de son petit-fils.

– Excusez-la, elle est bouleversée.

– Je vais partir.

Ils redescendirent dans le magasin. Tierno se mit au garde-à-vous, il salua et sortit. Il n'était pas resté plus d'un quart d'heure chez les Cahuzac, qui n'avaient même pas songé à lui offrir un café chaud... Il ne pensa pas à cela. Ce qui le tracassait, c'était ce qu'il venait de découvrir. La femme qu'il avait prise pour la sœur de Pierre-Louis, en regardant la photo, était en réalité son épouse ! Mais, Tierno le savait, ses grandes lettres d'amour Pierre-Louis les adressait à Pauline qui elle aussi lui parlait d'amour. Il marchait, son plan à la main, pour aller vers la rue de Ménilmontant, chez Pauline, en se répétant : « Les Français aussi sont polygames. »

La nuit de novembre avait enveloppé Paris quand il arriva au 64, rue de Ménilmontant. Il monta les cinq étages et frappa. Pas de réponse. Personne. Pourtant, il ne s'était pas trompé, sur la porte une étiquette était collée indiquant Pauline Lebert. Il s'assit sur le palier et attendit. C'est une bonne heure plus tard que Pauline arriva.

– Mais, qui êtes-vous ? Qu'est-ce que vous faites là ?

– Je suis un ami de Pierre-Louis Cahuzac.

Sans en demander davantage elle le fit entrer. Elle alluma sa lampe.

– Vous êtes un ami ? Mais vous êtes tout noir, il n'avait pas d'ami tout noir.

– Je suis Tierno Diallo. Pierre-Louis est mort près de moi. Il est devenu mon ami, je l'ai enterré.

Elle le fit asseoir d'un côté de la table de la cuisine et elle s'assit de l'autre. Tierno raconta. Il lui dit la vérité.

– Je savais qu'il était mort. Quand j'ai vu que ses lettres n'arrivaient plus, j'ai compris et je suis allée rôder du côté de chez son père. C'est un voisin de l'immeuble où son père tient boutique qui le premier m'a appris « officiellement » la mort de Pierre-Louis.

Elle se tut et pleura. Après un instant elle ajouta :

– Merci Tierno. Merci de l'avoir enterré. Cette saloperie de guerre l'a tué et m'a tuée aussi.

– Non. À chacun sa mort, vous allez vivre encore.

Elle lui sourit. Il lui donna la lettre inachevée de Pierre-Louis qui lui était destinée. Elle la lut et pleura encore.

– Il y avait aussi cette photo dans son portefeuille.

Il lui tendit la photo d'elle... la photo qu'il avait noircie. Il lui expliqua :

– Je vous ai beaucoup admirée. Je n'avais pas de photo de Néné Gallé, la fille que je vais épouser... alors je vous ai regardée, vous, pour penser à elle.

Elle lui sourit et lui rendit la photo.

– Gardez-la et continuez à penser un peu à moi.

Il la remercia et sans rien dire, il détacha de son poignet le bracelet de cuir avec le cauri. Il le lui mit, au poignet.

– C'est pour vous. C'était un cadeau de Néné Gallé. Il m'a porté chance, il va vous porter chance aussi.

– Merci, il est très beau... oui, merci.

Ils n'avaient plus rien à se dire. Elle lui demanda :

– Vous avez mangé ?

– Non.

– Descendons, Émile va nous nourrir bien comme il faut.

Elle le traîna dans une gargote où Tierno dégusta une bonne soupe épaisse et du bœuf aux choux, qu'elle lui offrit.

À minuit, Tierno était face à la gare de l'Est. Il faisait froid et humide. Il s'allongea sur un banc, il releva le col de sa capote, mit ses mains dans ses poches. Il dit tout haut :

– Je dormirai là mieux que dans la tranchée.

Il posa sa peau de chèvre bien tannée sur son visage et ferma les yeux. Le lendemain, tôt le matin, il se réchauffa en buvant un bon bouillon et en mangeant quatre tartines. Il avait beaucoup de temps devant lui. Son train ne partait qu'en fin d'après-midi. Il décida de se promener un peu. Il prit un taxi.

– J't'emmène où soldat ? À Verdun ?

– Non, je veux voir la tour Eiffel.

Il se fit rouler jusqu'aux pieds de la tour Eiffel. Il eut tout d'abord du mal à la regarder des pieds à la tête. Il traversa la Seine pour mieux l'admirer. Il la trouva belle. Elle était aussi métallique que les obus, mais c'était une poupée gentille, qui voyait loin. Oui, elle pouvait certainement surveiller les moutons blancs du ciel quand ils séjournaient dans ses parages.

Il repartit à pied, le long de la Seine, rive droite. La ville lui éclaboussait les yeux tellement elle était bien faite et solide. Il aurait aimé rencontrer un autre tirailleur, mais il n'en croisa aucun, même pas Amadou Konaté qui lui aussi était à Paris, chez sa marraine de guerre. Tierno savait cela, c'est lui qui avait toujours écrit les lettres, pour Amadou.

Il alla au hasard des rues, grandes et petites et un peu après midi, alors qu'il venait de dépasser le quartier des Halles, il entra au restaurant Le Bœuf Limousin. La carte proposait plus de dix plats de viande, mais avec des noms inconnus de Tierno. Il choisit « tête de veau sauce gribiche »... il se souvenait d'avoir lu ces mots dans la lettre d'Antoine Cahuzac.

Après son repas, il se promena jusque vers la place de la République. Il entendit de la musique qu'il reconnut : *La Madelon* ! Il se laissa guider par l'air et trouva un accordéoniste, un aveugle. Il lui donna deux pièces et resta à écouter.

– Tu es qui, toi qui écoutes ?

L'accordéoniste l'avait deviné.

– Tierno Diallo, du trente-sixième tirailleur.

– T'es un vivant ou t'es mort ?

– Vivant. J'ai été blessé, mais ça va.

– Assieds-toi près de moi camarade.

Tierno s'assit sur le petit muret qui servait de dossier au musicien.

– T'aimes *La Madelon* on dirait ?

– Un peu...

– Bah, pourquoi pas ?

Il cessa de jouer et sortit de sa poche un sachet à tampon antiasphyxiant, cent pour cent imperméable. Il dit à Tierno :

– On va s'en rouler une, dans cette blague tu peux conserver du perlot ou du fin, comme tu veux.

Tierno après lui se roula une belle cigarette. Tout en fumant, l'homme continuait à parler.

– Je vis dans le noir depuis février 1916. Des yeux j'en ai plus, alors je joue du piano à bretelles, pour gagner ma croûte. Faut survivre. Ça marche bien. Y'a des gommeux, des gandins qui sont restés planqués à l'arrière qui m'donnent des pièces. Je les d'vine avec leur bath de veston bleu, leur chemise blanche et leur cravate rouge. C'est des élégants qui font semblant de s'habiller avec le drapeau. Je dis rien. C'est pas pas'que la guerre est finie qu'on rase gratis, j'ai besoin de leurs pièces pour moi, pour ma bourgeoise et mes deux mômes.

Un instant plus tard, il demanda :

– T'aimes vraiment la musique, la chanson ?

– Oui.

– Alors écoute, j'vais t'jouer... tiens, « Le Temps des c'rises » si tu veux ?

– J'en ai mangé des cerises, une fois. Mais c'est plus la saison aujourd'hui.

– T'as raison camarade, c'est plus la saison. Alors, écoute bien. Je vais t'en jouer une vraie de vraie de chanson et je vais même la chanter. Et merde à ceux qui feront la gueule en l'entendant.

Il joua et chanta :

Quand au bout d'huit jours, l'repos terminé
On va r'prendre les tranchées,
Notre place est si utile
Que sans nous on prend la pile.
Mais c'est bien fini, on en a assez,
Personn' ne veut plus marcher,
Et le cœur bien gros, comm' dans un sanglot,
On dit adieu aux civ'lots,
Mêm' sans tambour, mêm' sans trompette,
On s'en va là-haut en baissant la tête.

Adieu la vie, adieu l'amour,
Adieu toutes les femmes,
C'est bien fini, c'est pour toujours,
De cette guerre infâme.
C'est à Craonne, sur le plateau,
Qu'on doit laisser sa peau
Car nous sommes tous condamnés
C'est nous les sacrifiés...

ÉPILOGUE

Tierno Diallo, sergent du 36e bataillon de tirailleurs sénégalais, démobilisé, rejoignit Conakry en mars 1919. Son oncle Saliou l'accueillit à bras ouverts. Il était fier de lui, de son grade de sergent et de ses médailles. Il fit une fête en l'honneur de son neveu.

Tierno se rendit vite près de Daouda Soumah roi du Tabounsou, et il lui raconta la guerre de son fils Aboubacar. Le roi qui l'avait accueilli comme son propre fils le retint près de lui une semaine. Tierno aperçut Khadi, celle qui aurait dû devenir la femme d'Aboubacar. Il n'eut pas à lui demander de le suivre, comme il l'avait promis. Elle était à présent « l'épouse coloniale » d'un fonctionnaire français.

Tierno rentra à Mamou par le train. Il retrouva tous ceux de sa famille, dont son père qui était bien fatigué. Tierno était devenu leur héros de la guerre, leur gradé, leur médaillé !

Il n'envisagea pas de reprendre le chemin de Dakar pour suivre la grande école des Blancs dont il avait été détourné. Il était allé à l'école de la guerre, c'était assez.

Mody Oury lui offrit une peau de chèvre bien tannée, toute neuve, une peau du Fouta.

Tierno ne revint jamais en France. Il épousa Néné Gallé et leur grand mariage dura une semaine. Ils s'aimèrent et eurent cinq enfants. Tierno devint le chauffeur du commandant de cercle. C'était une très bonne situation. Quand il mourut, Néné Gallé le pleura, à elle seule, plus que tous les autres. Leurs enfants étaient déjà des hommes et des femmes. L'aîné de leurs fils fit de la politique et milita pour que la Guinée, en 1958, dise non à la France que dirigeait le général de Gaulle et devienne le premier pays indépendant d'Afrique noire. Il eut de hautes responsabilités dans son pays à partir de cette date, puis il s'exila à Dakar, quand il fut trop en désaccord avec la politique du président Sékou Touré.

Aujourd'hui, des petits-enfants et des arrière-petits-enfants et même des arrière-arrière-petits-enfants de Néné Gallé et de Tierno vivent en Guinée, à Conakry et à Mamou. D'autres vivent aux États-Unis, d'autres en France. Tous connaissent l'histoire de leur famille, mais certains savent très peu de chose sur les exploits de leur ancêtre, qui fut un héros de la Première Guerre mondiale et qui, avec ses camarades blancs et noirs, libéra la France, là-bas, à Verdun.

LEXIQUE

Allah hou akbar : Dieu est le plus grand.

AOF : Afrique-Occidentale française, soit les territoires conquis à l'ouest de l'Afrique, dont Dakar fut à partir de 1904 la capitale administrative.

« Assurément l'au-delà est meilleur pour toi que ta première vie » : Le Coran, sourate 93, verset 4.

Barama Ngolo (frère de Nia Ngolo) : Ces deux frères probablement légendaires furent à l'origine de la création du royaume bambara de Ségou.

Béhanzin : Roi du Dahomey (actuel Bénin) de 1889 à 1894. Il lutta contre les Français.

Böbö, böbö / Böbö, böbö /Böbö nö woulla piyaaka **:** Début d'une berceuse pular, soit en français : *Bébé, mon bébé / Bébé, mon bébé /Tais-toi donc.*

Cauri : petit coquillage originaire de l'océan Indien qui a toujours joué un rôle dans la vie traditionnelle africaine. Il a servi d'ornement, mais aussi de monnaie.

Chicoter : Infliger un châtiment corporel avec un bâton ou un fouet. En Afrique, les élèves craignaient (et souvent craignent encore) la chicote du maître !

CFAO : Compagnie française d'Afrique de l'Ouest. Elle fut longtemps, à Conakry, une des plus importantes maisons de commerce de la place.

Concession : En Afrique de l'Ouest, terrain regroupant un ensemble de cases où vit généralement une grande famille.

Cora : C'est une « harpe africaine » qui possède entre 21 et 26 cordes.

Djinamoussa : C'est un djinn... un génie, que connaissent bien les Peulhs du Fouta-Djalon. Djinamoussa peut prendre diverses formes, et entre autres devenir un serpent à deux têtes, l'une de ces têtes étant humaine.

El Hadj : Titre donné à un musulman qui est allé en pèlerinage à La Mecque.

El Hadj Omar : Grand chef religieux musulman de l'ethnie toucouleur.

Fonio : Graminée dont les grains sont consommés le plus souvent cuits à la vapeur.

Fouta (Fouta-Djalon) : Région de l'actuelle république de Guinée, c'est le berceau de l'ethnie peulhe.

Foutou : Purée de bananes ou d'ignames, servie en boule et accompagnée de différentes sauces.

Griot : Musicien et poète d'Afrique de l'Ouest. C'est lui qui a en mémoire la tradition orale.

Harmattan : Vent d'Afrique chaud et sec.

Hidha e dyam, Tierno? : Tu vas bien Tierno ?

In sâ Allahou : S'il plaît à Dieu.

Long crayon : Personne instruite, qui est allée à l'école.

Laptot : Matelot originaire d'Afrique de l'Ouest, particulièrement du Sénégal.

Mami Wata : Fée aquatique, on la rencontre surtout dans le golfe de Guinée.

Mange-mil : Petit oiseau vivant en bande, très commun en Afrique de l'Ouest.

Mouna kolon ein soukhoumanè noun aloh bourouncé én ndan naki kouyé forè : Phrase en langue soussou qui dit à peu près : « Je ne savais pas qu'on allait me traiter comme une bête sauvage, et me faire dormir sous le ciel noir de la nuit ! »

Nègre : Homme noir. Ce joli mot que de nombreux poètes firent dériver en « négritude » vers 1930, pour valoriser l'ensemble des valeurs culturelles du monde noir, est quelquefois employé aujourd'hui en Europe et aux États-Unis, avec une connotation raciste.

Nia Ngolo (frère de Barama Ngolo) : Ces deux frères probablement légendaires furent, disent les griots, à l'origine du royaume bambara de Ségou.

On dyaraama Kaawu! : Bonjour mon oncle.

Pokou : Abba Pokou fut la reine qui fonda le royaume baoulé (dans l'actuelle Côte d'Ivoire).

« **Quiconque commet un péché, ne l'a commis que contre lui-même** » : Le Coran, sourate 4, verset 111.

Samory (Samory Touré) : Grand chef de guerre malinké. Il lutta contre les Français et fut souvent vainqueur avant d'être capturé et exilé.

Soundjata (Soundjata Keita) : Fondateur au XIIIe siècle de l'empire mandingue.

Sourate : Nom donné à chacun des cent quatorze chapitres du livre saint des musulmans, le Coran.

Soussou : Peuple de Guinée, de la région de Conakry et de Kindia, et langue de ce peuple.

Tiep (abréviation de tiébou diène) : Plat de riz au poisson. C'est le plat national sénégalais. Il est très apprécié dans toute l'Afrique de l'Ouest.

Toubab (toubabesse) : En Afrique de l'Ouest, homme ou femme blanc.

Vieux : Vieux, pour le père, et vieille, pour la mère ont été toujours utilisés avec beaucoup d'amour en Afrique.

SOURCES

1914-1918, L'Empire dans la guerre, éd. du ministère de la Défense – Secrétariat d'État aux Anciens Combattants, 1998.

Paroles de poilus - Lettres et carnets du front 1914-1918, éd. Librio, 1999.

Maurice Genevoix, *Ceux de 14*, éd. Omnibus, 1998.

Roland Dorgelès, *Les Croix de bois*, éd. Le Livre de Poche.

Henri Barbusse, *Le Feu*, éd. Le Livre de Poche.

Pierre Miquel, *14-18*, éd. Plon, 2001.

Pierre Miquel, *Les Poilus*, éd. Plon, 2000.

Pierre Miquel, *Mourir à Verdun*, éd. Taillandier, 2000.

Les Poilus, film réalisé par William Karel et Pierre Miquel.

LES TIRAILLEURS SÉNÉGALAIS DANS LA GRANDE GUERRE

L'idée d'utiliser en Europe des troupes issues des colonies remonte au XVIIIe siècle. Mais elle ne prendra véritablement corps que dans les années qui précèdent le premier conflit mondial : il s'agit pour la France de compenser grâce à son Empire l'infériorité numérique de sa population comparée à celle de l'Allemagne.

Dès 1914, deux bataillons de combattants africains – le terme de tirailleurs « sénégalais » désignant l'ensemble des soldats noirs, quelle que soit leur origine géographique – sont engagés sur le front. Mais c'est surtout à partir d'octobre 1915 qu'ont lieu d'importantes levées, dans des conditions souvent difficiles, notamment dans l'ouest de la Haute-Volta où une véritable révolte éclate. Ces levées emmenèrent trente et un bataillons sénégalais sur le front de France.

L'imagerie militaire attribuait aux troupes coloniales, notamment sénégalaises, des vertus militaires exceptionnelles, décrites parfois de façon lyrique et caricaturale, souvent avec des mots à connotation raciste qui ne choquaient guère à l'époque. Redoutables dans les combats au corps à corps, les tirailleurs sénégalais étaient souvent employés pour « nettoyer » les tranchées prises à l'ennemi. Aussi celui-ci éprouvait-il à l'égard de la « force noire » des sentiments mêlés, où l'admiration pour le courage des Africains le disputait à la terreur et aux préjugés racistes.

Dès 1916, les qualités guerrières de ces troupes se déployèrent à Verdun et sur la Somme. Lors de l'offensive du général Nivelle, le 16 avril 1917, les pertes subies au Chemin des Dames par les troupes sénégalaises (sept mille soldats tués) impressionnèrent beaucoup l'opinion. En 1918, les Sénégalais se distinguèrent particulièrement lors de la défense de Reims et dans les batailles de la contre-offensive qui devaient aboutir à la victoire. De la même façon, leur rôle fut très important sur le front d'Orient entre fin 1915 et 1918.

La dernière année de la Grande Guerre, les troupes africaines noires comptaient environ quarante mille hommes répartis en quarante-deux bataillons.

Au total, l'Afrique noire française avait fourni plus de cent soixante mille hommes, soit environ le tiers de l'effectif total de l'Outre-Mer. Plus de trente mille périrent sur les champs de bataille, proportion équivalente à celle des fantassins métropolitains.

Pour de nombreux Français métropolitains, qui n'avaient qu'une idée confuse des colonies, l'arrivée des tirailleurs sénégalais fut l'occasion de découvrir les Africains. Découverte superficielle : si l'armée organisa, lors du transfert de la gare de Lyon à la gare de l'Est, des défilés pour montrer aux Parisiens quels renforts on pouvait attendre des colonies, elle découragea les rencontres avec la population locale, en limitant et en encadrant les permissions, par exemple.

L'adaptation des recrues africaines à la vie militaire fut souvent difficile : déconcertées par un mode de vie nouveau, éprouvées par le climat, elles étaient en outre confrontées à la maladie : affections pulmonaires, gelures, rougeole... Sans parler, bien entendu, de l'horreur des combats. Cependant, les conditions de vie des tirailleurs sénégalais évoluèrent avec le temps. L'armée s'efforçait de compenser le dépaysement en regroupant les combattants par ethnie, et en assurant leur encadrement immédiat par des chefs traditionnels. Les tirailleurs conservèrent leur religion. On s'efforça, surtout à partir de 1917, d'adapter la nourriture à leurs habitudes. Respectés des poilus blancs pour leur courage, les tirailleurs furent souvent agréablement surpris par l'accueil qui leur était réservé. Même si les préjugés raciaux demeuraient importants – le Noir étant représenté comme un grand enfant – les tirailleurs sénégalais se sentirent mieux considérés par les Blancs en métropole qu'en Afrique.

La participation des colonies à l'effort de guerre constitua donc une étape importante dans l'évolution des rapports entre les colonisés et la métropole. Elle fut à l'origine des premières fissures de l'Empire. Les anciens combattants des colonies qui, ainsi que le soulignent les rapports administratifs d'après guerre, avaient « perdu le respect du Blanc », arguent du sang versé pour réclamer des droits politiques et une véritable égalité. Il faudra néanmoins encore cinquante ans – et un autre conflit mondial – pour qu'un véritable processus de décolonisation soit engagé en Afrique noire.

YVES PINGUILLY

Il est né à Brest, en 1944.

Adolescent il est marin et navigue sur plusieurs cargos. À seize ans et demi il boucle son premier tour du monde.

À vingt et un ans, il pose son sac à Paris et fait éditer son premier livre. Aujourd'hui, il a publié près de soixante-dix titres pour la jeunesse.

Breton de souche, amateur de beurre salé et de galettes de blé noir, il se dit « étranger professionnel », tant il aime parcourir le monde et surtout l'Afrique où il a fait plus de cent voyages comme expert ou consultant pour des organisations internationales (UNESCO, Agence de la Francophonie, Ligue internationale de l'Enseignement).

Aux éditions Nathan il est l'auteur de plusieurs livres qui disent l'Afrique noire, dont *Contes et Légendes d'Afrique d'ouest en est*, *Contes et légendes de la Corne de l'Afrique*, *Police Python*, *Manèges dans le désert* ; il a aussi raconté l'Afrique aux éditions Autrement avec *La Couleur des yeux* ; aux éditions Magnard avec *Meurtre noir et gris gris blanc* et *Penalty à Ouagadougou* ; aux éditions Rue du Monde avec *L'Esclave qui parlait aux oiseaux* ; aux éditions Rageot avec *Le Ballon d'or* et *Paris Afrique*.

Il est aussi l'auteur de nombreux albums publiés aux NEI, à Abidjan et aux éditions Ganndal, à Conakry.

Barde par héritage, il est devenu griot par métissage.

Ses écritures concernant le rêve et la contestation, il les réalise tout autant au milieu des roses sanguinaires de son jardin d'Argoat, qu'à l'ombre invitante des forêts sacrées de quelques Afriques.

DANS LA MÊME COLLECTION

Août 44
Paris sur scène
Christian Grenier

Oran 62
La Rupture
Pierre Davy

Juillet 42
Sous une mauvaise étoile
Stéphane Descornes

Haumont 14-16
L'Or et la boue
Christophe Lambert

Juin 40
Peur sur la route
Philipe Barbeau

1944-1945
Les Sabots
Jean-Pierre Vittori

Italie, mai 44
Le Ciel déchiré
Guy Jimenes

Les maquis du Périgord, 1944
Le Printemps de Thomas
Dany et Michel Jeury

Indochine 54
Tombés du ciel
Stéphane Descornes

7 mai 1915
Le Secret du *Lusitania*
Anne-Marie Paris

Cambodge 1941-1945
Le Sourire des dieux
Pierre Davy

Les chantiers de
la jeunesse, 1940-1944
Une Vie en suspens
Hélène Montardre

Guadeloupe 1943
Sous le vent de la guerre,
« Antan Sorin »
Pierre Davy

Sarajevo 1995

Entre deux feux

Flore Talamon

Vercors, juillet-août 1944

La Forteresse sacrifiée

Jean-Pierre Andrevon

Réalisation de la maquette :
ÉQUILIBRE Multimédia - Fabienne Vérin - Avignon (84)

N° d'éditeur : 10139659
Dépôt légal : janvier 2007

Imprimé en France par l'imprimerie Hérissey - N° 103585